超訳

# 新渡戸稲造の言葉

*A Man of Love and Compassion*

三輪裕範 編訳

Discover
ディスカヴァー

# 超訳　新渡戸稲造の言葉

# まえがき

本書は明治、大正、昭和の三代にわたって、学者、教育者、行政官、国際公務員、社会教育家などとして多方面で活躍した新渡戸稲造の珠玉の言葉の数々を、現代の読者にも理解できるように、平易な文章にして編集したものです。

新渡戸稲造といえば、何といっても、『武士道』の著者として有名です。しかし、前述の通り、新渡戸の人生は単なる文筆家として終わるものではありませんでした。新渡戸は一八六二年（文久二年）に南部藩士の子として盛岡に生まれ、一九三三年（昭和八年）にカナダのヴィクトリアで亡くなっていますが、その七十二年の生涯は常人には真似のできない非常に多彩なものでした。

では、新渡戸は具体的にどのような人生を送ったのでしょうか。新渡戸は幼いころ武士としての伝統的な教育を受けたあと十歳で上京し、東京英語学校で数年間学んだあと、十四歳のときにクラーク博士で有名な札幌農学校に第二期生として入学することになりました。

その後、一八八四年から一八九一年までの七年間は、アメリカとドイツの大学に留学して経済学、歴史学、農政学などを学び、一八九一年に帰国後は、母校札幌農学校の教授に就任しています。

しかしながら、その後、新渡戸は神経衰弱で体調を崩し、群馬県の伊香保やアメリカの西海岸で静養することになりました。もっとも、この静養期間中、新渡戸の体は休んでいましたが、その頭はフル回転していました。そして、その静養期間中に書いたのが、あの『武士道』だったのです。

静養を終えアメリカから帰国すると、今度は新渡戸は同郷の先輩である後藤新平からの熱心な誘いを受け、台湾の糖業を改良するために台湾総督府に行政官として勤務することになります。そして、台湾糖業を盤石のものにするだけではなく、台湾財政の基盤を確立するのに大変大きな役割を果たしました。

普通の人であれば、この時代までだけでも十二分の働きをしたといえるのですが、新渡戸にとっては、これはまだほんの序の口で、新渡戸の本格的な活躍はこのあとに始まることになります。

具体的には、台湾総督府で五年間勤務して帰国した新渡戸は、今度は京都帝国大学教授に就任します。そして、その後一九〇六年には第一高等学校校長（東京帝国大学教授を兼任）になり、さらに一九一八年には東京女子大学学長に就任して、女子教育の充実発展にも主導的な役割を果たしました。

そして、その翌年の一九一九年には、第一次世界大戦後に新設された国際連盟の事務局次長に就任、主に知的協力委員会の責任者として、アインシュタインやベルクソンといった当時の世界第一級の知性たちと一緒になって、国際理解と平和のために尽力しました。

国際連盟（ジュネーブ）で七年間勤めたあと一九二七年に帰国した新渡戸は、今度は太平洋問題調査会の理事長に就任し、太平洋会議の京都での開催や、同会議の外国での開催時における日本代表団の団長として活躍しました。ただ、新渡戸にとっては不幸なことに、一九三一年には満州事変が勃発するなど、この時代は、海外特にアメリカにおいて日本の評判が大変悪くなりました。そのため、新渡戸は日米関係改善のために、アメリカで年間百回以上もの講演を行ったり、フーバー大統領と面談したりするなど、最後まで日米友好のために全力を尽くしています。

しかし、こうした新渡戸の努力も結局成功することはなく、新渡戸が一九三三年三月に帰国した数日後には、皮肉なことに、彼が事務局次長として長年勤めた国際連盟から日本は脱退することになったのです。

そして、同年八月にカナダのバンフで開催された太平洋会議に出席したあと病に倒れ、同年十月にヴィクトリアでその七十二年の人生を終えたのでした。

このように、新渡戸の人生を見てくると、多少体を悪くした期間はあるにせよ、全般的には特に大きな逆境もなく、社会のエリートとして大変順風満帆な人生を送ったように思われるかもしれません。

しかし、実際には、新渡戸の人生は決して名誉と栄光ばかりに彩られたものではありませんでした。むしろ、それは世間から批判や非難を受け続けた人生だったとも言えるのです。

特に台湾から帰国後、社会啓蒙家として『実業之日本』などの通俗雑誌に、勤労青少年や若い婦女子向けに数多くの修養講話を書いたことは、新渡戸を激しい批判に晒すことになりました。現在の日本とは違い、当時は、新渡戸のような帝国大学教授たる者が通俗雑誌に書くなどということは、大学の権威にかかわるとして忌避されていたからです。

また、一高校長時代にも、新渡戸は学生たちから強い反感と敵意を向けられるだけでなく、『武侠世界』などの国粋主義的雑誌からも、「柔弱」、「愚劣」であるなどとして激しく批判されました。さらに、新渡戸が亡くなる前年の一九三二年にも、講演で訪れた四国の松山で軍部批判の発言をしたところ、それが新聞に大きく掲載されて軍部や右翼を怒らせることになり、全国各地で新渡戸を糾弾する動きにまで発展しました。

このように、新渡戸の人生というのは決して順風満帆なものではなく、特にその後半生は、世間からの強い逆風を受け続けた人生だったと言えるでしょう。

前述の通り、新渡戸の著書の中では『武士道』が最も有名です。『武士道』は、それまで日本や日本人のことをあまり知らなかった世界の人々に、その素晴らしさを知らしめた名著であり、新渡戸の代表作であることは間違いありません。

しかし、文筆家あるいは社会教育家としての新渡戸の貢献は、『武士道』だけに止まるものではありませんでした。むしろ、そうした新渡戸の文筆家、社会教育家としての真骨頂が最もよく出ているのが、本書に収録した『修養』、『世渡りの道』、『人生読本』、『自警録』、『人生雑感』、などといった一連の啓蒙書だったのです。

新渡戸がこのような啓蒙書を書くようになったそもそものきっかけは、一九〇八年(明治四十一年)に、実業之日本社社長であった増田義一から、勤労青少年の精神修養と人格鍛錬に資する文章を書いてほしいとの依頼を受けたからでした。新渡戸は熟考の末にこの依頼を快諾し、同誌での連載を始めることになりました。そして、そうした連載を集めて本にしたのが、本書に収録した『修養』、『世渡りの道』、『人生読本』、『自警録』などでした。

新渡戸が日本語で書いた著書の約三分の二は、このような勤労青少年や若い婦女子向けの啓蒙書だったのですが、新渡戸はそうした文章を書くにあたっては、何よりも内容的に平易であることを心がけ、家のお手伝いさんが「それでよく分かります」というまで書き直したと言われています。

また、新渡戸は書くテーマごとに、誰もが経験するような身近な具体例を豊富に引くだけでなく、自分の失敗談も数多く語るなど、一般読者にとっても非常に親しみを感じさせる文章にしています。

本書をお読みいただければお分かりの通り、新渡戸が書いた文章はどれも弱者や苦悩する人への愛に満ちています。同情心に満ちています。

そうした愛や同情心というのは、往々にして、高見から人が苦しんでいる姿を見て、それを憐れむような傲慢なものになりがちです。しかし、新渡戸の愛や同情心は決してそのようなものではありませんでした。それは、自分も過去に同じような辛く苦しい経験をしたことがある、同じ土俵の中にいる一人の人間としての心からの共感に基づく愛であり同情心でありました。

前述の通り、新渡戸の人生は一見華やかです。しかし、実際には、それは世間からの批判や非難に晒され続けた人生でした。本書に収録した新渡戸の珠玉の言葉は、人生の逆境を数多く経験し、世間の何たるか、人間の何たるかを身を以て知り尽くした新渡戸だからこそ言える言葉だったのです。

愛と同情の人である新渡戸の言葉はどれも、その根底に、人に対する限りない温かさと優しさがあります。そして、そこには何よりも、人が自信をもって力強く生きていくための人生の知恵がいっぱい詰まっています。

読者の皆様にとって、本書に収録したそうした新渡戸の言葉が、これからの人生行路において遭遇するであろう逆境を乗り越え、実り多き人生を送る上での一助になることを心から願っております。

三輪裕範

超訳　新渡戸稲造の言葉　目次

★二

## 志高く生きる

## ★三 日々、全力を尽くす

## 四 心を鍛える

五

## 人を見る目を養う

## ★六 関係を築く

# ★一

# 自分を磨く

一

# 世間とは
# 君を知らない人間のことだ

君のことを知らない人間が批判することには、的外れの、理不尽なことが多いものだ。その批判が正しいかどうかは、君のことをよく知っている人間が一番よくわかっているはずだ。

世間が君のことを誤解したとしても、君をよく知る友人が誤解しなければそれでいいではないか。世間とは君を知らない人間のことだ。そんな人間が批判することなど、気にする必要はない。

『自警録』

二

# 成功も失敗も、基準は自分の中にある

自分が成功したか失敗したかというのは、他人にはわからない。

なぜなら、自分が成功の基準とすることと、世間が成功の基準とすることの間には大きな違いがあるからだ。

たとえば、今日は天気もいいので頑張って四十キロ歩くという目標を立てたとする。それを実現したとすれば、それは私にとっては大きな成功だ。

しかし世間には、四十キロぐらい歩いたって大したことではないと嘲笑する者が必ずいる。

物事の成功失敗の基準というのはあくまでもその人個人の中にある。世間の基準になど決して惑わされてはいけない。


『自警録』

三

# 自分の才能を最高に発揮せよ

世の中は自分の思い通りにはならないものだ。

しかし、だからといって、逃げ出して山奥に引っこんでしまうわけにもいかない。

どれだけ人から誤解されようとも、またどれだけ自分の気に入らないことがあったとしても、自分に与えられた才能を最高に発揮することが、人が人として生まれた義務なのだ。

『世渡りの道』

四

# 自己とは自分だけのことではない

人はこの世に生まれた瞬間から、他人の世話にならなければ生きていけない動物だ。

しかも、他人の世話になる期間は、他の動物に比べてもはるかに長い。父母の愛はいうまでもなく、学校では先生、会社では上司や同僚、そして家庭では家族など、他人の世話にならずには一日たりとも生きていくことはできない。

自己とは自分一人だけのことではない。妻子、父母をはじめとして、友人、同国人、隣国人、そして世界の人々をも含んでいると考えたほうがいい。自己をただ自分一人などと考えるのは大きな間違いだ。

『人生読本』

五

# 自分ひとりで自分を作り上げた人など存在しない

自己の成長とは、社会の中にあって、国家の保護を受け、社会の好意を受け、親兄弟や姉妹、妻子の温かい愛情を受けてはじめて実現できるものだ。

英語でいう「セルフ・メイド・メン」、すなわち「自分ひとりで自分を作り上げた人」など、世界のどこにもいないのだ。

『人生読本』

六

# 自己の成長とは自分の善性を最大限に発揮することだ

自己の成長とは、自分の内部に潜んでいる善性を最大限に発揮し、悪性を矯正することだ。

それは決して自己の勢力を拡大したり、あるいは自己の財産を増やしたりするような、いわゆる「立身出世」のことではない。世間的な成功というのは、自己成長における一つの小さな通過点にすぎない。

『人生読本』

七

# 成功と自己の成長とは違う

世の中の成功者とされる人の家庭を見たり、その人の心の中を覗き見れば、どれほど不幸な人が多いことだろうか。彼らは自己の善性を発揮せずに、いたずらに功名や手柄を得ることに走ったのだ。

自己の成長と成功とはなかなか一致しないものだ。なぜなら、世の中での立身出世を目指す場合はその成功の基準を外部に求めるが、自己の成長を求める場合はその基準を自己の内部に設けるからだ。

『人生読本』

八

# 伸びる前には必ず試練があると思え

昔の聖人が教えている通り、天が人を使う際には、まず苦しみを与えてその人の力を試し、胆力を練り上げて、その使命をまっとうさせようとする。

こうした考え方は古今を通じて見られるもので、そこには深い知恵がある。

「大伸の前に大屈あり」という言葉があるように、人は何事においても、困難な試練を乗り越えなければ、その後大きく伸びることはできないのだ。

『人生読本』

九

# 思慮のある人間になれ

私のいう思慮とは、英語でいう「ロジカル・マインド」で、推理する力のことだ。こうすればこうなるというような直接的な因果関係については、誰でも比較的簡単にわかる。しかし、その先は、さらにその先はどうなるのかというふうに、先の先まで正しく推論して見通す力をもてる人は非常に少ない。それこそが真の思慮というべきものなのだ。

『自警録』

一〇

# バランスを失ったら人間失格だ

専門家や学者の中には、自分の専門分野については一人前だが、人間としては一人前になっていない人が多い。

これは経営者についても同じことで、中には、ビジネスを成功させるためには人の道にはずれるようなことをしても平気であるばかりか、かえってそれを自慢するような程度の低い連中もいる。

どんなに高名な学者や経営者になったとしても、人間としてのバランスを失ってしまうなら人間失格だ。

『自警録』

二

# 「真の武士」であれ

いつも怖そうな顔をしてただ威張っているだけの者は、昔から「猪武者」と呼ばれて軽蔑されてきた。

これに対して、外見は円満で穏やかで、ふだんは人と争うようなところはまったくないが、いったん事が起これば、ふだんは見られないような力を発揮する人が「真の武士」というものだ。

私たちもそのような「真の武士」でありたいものだ。

『自警録』

二三

# 自分自身に勝て

人間の真の力というのはその人の内部に発し、そこで練られ、磨かれ、養われ、蓄えられ、それが溢れ出して外部に流れていくものだ。だからこそ、その力には十分な余裕があり、力強い。

そのような内部に蓄えられた力によって自分自身に勝つ者は、外部、すなわち世界にも勝つことができる。つまり、世界に勝つためには、まずは自分自身に勝たなければならないのだ。

『自警録』

一三

# 欲と理想を混同するな

多くの人は成功を願う。ところが、その成功とはいったいどんなものかといえば、多くの場合、年収四百万円の人が年収一千万円になることを成功と称しているのだ。もちろん、それも成功といえないことはない。しかし、そうした物質的な目的の達成を理想としていていいのか、一度よく自分に問うてみるべきだ。

欲は理想とはまったく違うものであり、決してこの二つを混同してはならない。

『自警録』

一四

# 青年時代の理想をときどき思い出せ

青年時代に抱いた理想は大切だ。しかし年をとるにつれて、青年時代の理想から遠ざかっている自分を発見することが多くなる。自分がどのような状態になっているかを知るには、ときどき自己を省みなければならない。

そのとき、今の自分が青年時代の理想に近づいるのであれば、それでいい。

しかし、その反対に理想から遠ざかっているとすれば、その理想に向かって再度努力する決意を新たにしなければならない。

『自警録』

一五

# 理想は量ではなく質で測れ

理想というかぎりは、それはある程度合理的で節度ある要求であるはずだ。それなら、努力すれば少なくともその一部分は実現できるだろう。

理想というのは、どれだけ実現できたかという量で測るものではない。それがどんな状態で実現できたかというその質で測るべきものなのだ。

『自警録』

一六

# 修養のある人ほど一見平凡に見える

高僧といわれる人の話や行動は実に平凡なものだ。一見したところ、その言動には一般人とそれほど大きく異なるところはない。

しかし、その様子をよく見ると、声や目の艶が違う。また、歩いていても一般人とは歩き方が違う。

このように修養のある人の言行は一見平凡ではあるが、その実、何事においても一般人とは大いに異なるところがあるものだ。

『修養』

一七

# 目立つことを求めるのは未熟な証拠だ

修養の足りない人ほど、目立つことや人を驚かすようなことを喜ぶものだ。

しかし、これはその人間が未熟であることを示す何よりの証拠だ。世の中の喝采を得ることや有名になったり財産を築いたりすることは修養の真の目的ではない。

自分を振り返っても恥じるところがなく、物質的には貧乏でも心の中は満足し、感謝の念をもって生きていくのが人間修養ということなのだ。

『修養』

一八

# もう一歩だけ継続せよ

世の中を見ていると、何事においても、もう一歩という大切なところで嫌になって、投げ出してしまう人が多い。

もう少し辛抱して続けていれば必ず目的を実現できただろうに、最後の辛抱ができなかったために失敗してしまうことが多い。

ゲーテの言葉にもあるように、人生においても「急がず、休まず」継続していくことが何よりも大切なのだ。

『修養』

一九

# 難しいことではなく簡単なことを毎日続けよ

継続心を養うためには、難しいことを選んではいけない。

最初から難しいことをしようとすると、それを継続させることができず、失敗に終わることが多い。

難しいことをすると、それを継続させるために多大なエネルギーを使うことになり、本来そのエネルギーを使うべきことに使えなくなってしまう。これでは本末転倒だ。

難しいことではなく、簡単なありふれたことを毎日繰り返して行うのが、継続心を養う決め手だ。

『修養』

二〇

# 小さなことを継続して徹底的に行え

何事によらず、終始一貫さえしていれば、それがいかに些細なことであっても、それを行う人に偉大な効果をもたらすことができる。

「善良な癖をつけよ」と私がいうのも、それは一見つまらないと思えるような小さなことでも、それをどこまでも徹底して行えば、いずれ、それがその人の身につくからだ。

それによって、一時的には人の物笑いになることがあったとしても、それを乗り越えて継続していけば、必ず意志強固になり、結果的に多くの利益を得ることができるのだ。

『人生読本』

二

# 継続は心がけ次第だ

継続の精神さえあれば、多少生活上の変化があったとしても、まったく問題にならないはずだ。

たとえば、これまで冷水浴をしていた者が、今度は浴室のない家に移ったために、冷水浴をすることができなくなったとする。

しかし、これはもともと冷水浴をするのが嫌いであったところに、浴室のない家に移るという口実ができたために、それを自分に都合よく使っただけのことだ。

その人に冷水浴を行おうとする強い気持ちがあれば、どんなところに移ったとしてもできないことはない。まさにすべては精神次第なのだ。

『修養』

三

# 「勝つ」と「克つ」は違う

克己という言葉は「己に克つ」という意味だ。しかし、この「克つ」と「勝つ」ではその意味するところが違う。

「勝つ」というのは比較を前提とし、相手の存在を必要とするが、「克つ」というのは絶対的な概念で、敵など相手の存在を必要としない。

つまり、相手を倒すのが「勝つ」であるのに対し、「克つ」というのは相手を必要とせず、自分を磨く努力をすることなのだ。

『修養』

二三

# 簡単なことから始めよ

克己心を養うためには、まずはその大目的として、自分に打ち克つことを忘れてはならない。

その目的をつねに自覚した上で、最初はできるだけ簡単なことから始めるのがいい。あまり難しいことを選ぶと失敗することが多く、そのためにかえって克己心の修養ができなくなってしまう。

多少の心がけさえあればできる、簡単なことを選んだほうがいい。

『修養』

二四

# 凡人と偉人の差は意志の力にある

かつて松方正義公爵は、「毎日日記をつける人と、毎日冷水浴をする人は、偉大な資格を備えた人だ」と語ったことがある。

この二つはいずれもとても小さなことで、やろうと思えば誰でもできる。しかし、とかく日記は三日坊主で終わることが多いし、冷水浴も夏の暑い日にしかやらない者が多い。こうした平凡なことを、倦まずたゆまずやり通すところに、偉大な力は存在するのだ。

『人生読本』

二五

# 人間にとって最も大切なのは意志だ

「頑張る」とは文字通り、頑固に意地を張るという意味だ。意地というとあまり良い響きをもたないが、意地とはすなわち意志の基盤のことだ。

人間というのは知と情と意によって動くものだが、その中でも人が人であるためにに最も大切なのは意志だ。知も情も意志の働きによって右にも左にも動く。意志なき者は、いかに人情が深くても、いかに知識があっても、人間とはいえない。

『人生読本』

二六

# 意志は強ければいいというものではない

成功者には自分の望む方向にどんどん進んでいく人が多いので、一見したところ、意志の強い人だという印象を与える。しかし必ずしも意志の強い人がすべて成功するわけではない。

フランスの哲学者ベルクソンが「意志は人なり」といったように、意志は強いほうがいい。しかし、意志というのはエネルギーのようなものだ。強いのはいいが、そのコントロールや方向の向け方を誤ると、人の一生を台無しにしてしまうだけでなく、その害毒を後世にまで残してしまうことになるのだ。

『人生読本』

二七

# つねに初心に帰る

一つのことを長く続けていると、どこかで飽きが来るものだ。このように飽きが来るのは大変危険なときで、これにどう対処するかが大切になってくる。

そういうときには、初心に帰り、「いったい自分は何のためにこんなことをしているのか」と自問してほしい。

ときどき、そのようにして初心に帰ることをしなければ、日常の忙しさに負けて、自分が最終的に目指す真の目的を見失ってしまうことになる。

『人生読本』

二八

# 人の悪いところは自分ももっている

人の悪口を言うことはよくないと思ったら、それを口に出すのを我慢することと以上に、悪口を言おうとする心自体を制することが大切だ。つまり、人の短所を見ないように努めるのだ。

この男にはこういう嫌な癖があると気づいたなら、自分自身にもその癖がないか、自ら省みてほしい。人がもっている悪い癖というのは、たいがい、自分ももっているものだ。ただ、自分を考察の対象として見ないから、それに気づかないだけのことなのだから。

『人生読本』

二九

# 自分は人からどう見られているか考えよ

もし人がもっている欠点を自分ももっているかもしれないということに考えが及べば、そこからもう一歩進めて、人が自分を見たなら、その人も同じように嫌な感じを受けるのではないかと考えてほしい。
また、さらにもう一歩進めて、なぜ自分にそのような欠点があるのかということについても考えることができれば、自分というものが相当よくわかってくるはずだ。そして、考えがそこまで行けば、今まで悪口を言って非難してきた他人に対しても同情心が起こるようになる。

『人生読本』

三〇

# 自分の欠点は長所にさえ見えてしまう

他人にどのような欠点があったとしても、同じ人間である以上、程度の差はあっても、自分にも必ず同じような欠点があるものだ。しかし、悲しいかな、人間というのは、そのような自分の欠点を自覚できたとしても、自分の場合には何か特別な理由があるように思えてしまう。はなはだしい場合には、それが自分の長所であると思いこんでしまうことさえある。その一方で、他人の場合には、それが実際以上に大きな欠点に見えてしまうのである。

『人生読本』

三一

# 欠点をうまく使え

おしゃべりは、あまりよくないことだと思われている。しかし、おしゃべりそのものが悪いわけではない。

おしゃべりが悪いとすれば、それはいたずらに悪口を言って人の感情を害したり、品位に欠ける言葉を吐いて世の中に害毒を流す場合だ。

そのような点に注意してさえいれば、おしゃべりもよい結果を生むことができるだろう。

『修養』

三二

# 自分の価値以上に評価されようとするな

自分の実際の価値以上に評価されようとするのは、とても不自然な行為だ。そんなことをする人は、自分にないものを気どり、自分の柄にもないことを言ったりする。

そして自分はそれをうまくやってのけたと思っても、物事のわかった人がそれを見れば非常に不自然に感じられ、嫌悪感をもつようになるものだ。

『修養』

三三

# 名誉は善用せよ

名誉は自分から求めるものではない。しかし、それが自分が求めたものではなく、人から与えられたものであるならば、無理にそれを拒否する必要はない。むしろ、これを善用するぐらいになってほしい。そうすれば、それは自重という尊い力を与えてくれる。

「自分はこれだけの信用を受け、これだけ世間から褒められているのだから、こんな卑劣なことはできない」というように、自分の受けている名誉を善用すれば、その名誉は一層強固なものになる。

『修養』

三四

# 知識よりも知力を蓄えよ

何か困った事態が起きたときにあわてないようにするには、日ごろからその用意ができていなければならない。そして、その用意を整えるためには、知力を蓄えておかなければならない。

単なる知識とは違い、肝心なときに応用できるのが知力だ。目先のことのために知る知識は、ドイツ人のいう「パン学問」である。それはパンを得てしまえば、もはや役に立たなくなる。大切なのは、そうした「パン学問」ではなく、どんなことにも役立つ知力なのだ。

『修養』

三五

# 徳の貯蓄をしよう

郵便貯金でも今日百円預けて、明日もまた預けるようにすれば、その後多少引き出したとしても、一年後には三万円くらいにはなるだろう。その後もわずかずつでも貯蓄していけば、次第に財産ができていく。

それと同じように、最初は些細なことでも少しずつ徳を積んでいけば、いずれは巨万の徳を積むことができる。これが徳の貯蓄ということであり、数ある貯蓄の中でも最も大切なことなのだ。

『修養』

三六

# 悲しみも修養の糧とせよ

自分の愛する人が病気になれば、悲しい気持ちになるのは当然だ。しかし、そんな悲しみも善用すれば、修養の糧にすることができる。人は悲哀を経験してはじめて真に幸福を感じられるようになるからだ。

順境ばかりで悲哀を味わったことのない人間には、真の幸福はわからない。「喜びを捨てて、はじめて祝福を受ける」とカーライルがいったように、喜びを捨ててこそ、真の幸福は得られるのだ。

『修養』

三七

# 五分間だけ聖人であれ

一日に五分でも心を落ち着けて考え、世の中の雑事から超然とする時間をもつことができるならば、誰でもその時間だけは中国古代の聖人である堯舜のようになることができる。

もちろん五分ぐらいでは何の効果もないと思う人もいるだろう。しかし、この五分をわがものとすることができれば、それが次には十分、十五分ともなる。そのようにしていけば、聖人になれる時間も必ず長くなっていく。

『修養』

三八

# 現実世界から一歩高いところを目指せ

人は富を得てもそれで満足することはなく、ますます大きな富が欲しくなるものだ。

しかし、かりに富を求めるとしても、それを一つの手段や方法とみなし、自分の理想とすることのために行うのであれば、そのために堕落するようなことはない。

「積もれば積もるほど汚くなる」といわれるお金も、理想のために積むのであれば、積もるにしたがって清くなる。名誉を欲しがるのもこれと同じだ。

名誉そのものを求めれば、どんな名誉を得ても不満に思い、自分よりも有名な人を妬ましく思う。しかし、名誉以外に狙いを定めれば、名誉を得たからといっても奢らず、平静な心を維持することができる。

『人生読本』

# 二

# 志高く生きる

三九

# 人生とは理想を行動に翻訳することだ

私たちの活動は、すべて理想を実現するためにある。理想なしにあてもなく生きているのは、ただ物理的に存在しているだけで、人間の生活とはいえない。

換言すれば、人間の生活とは理想を実現することにほかならない。すなわち、理想を行動に翻訳していくことなのだ。

わからない外国語を日本語に移し替えることを翻訳というように、もやもやして漠然とした思想を実際の行動に表すこと、これが人生というものなのだ。

『自警録』

四〇

# 人生に連戦連勝はない

昔の武士の言葉に、「勝つことばかり知って負けることを知らないと、悪いことが起こる」というものがある。

どんな戦いにおいても、それに臨む者が勝利を期待するのは当然だが、万が一期待したような勝利を得られない場合にどうするかということを、あらかじめ覚悟して決めておくことが大切だ。

どんな国の歴史においても、また、どんな勇将の人生においても、連戦連勝するなどということは決してなかったのだから。

『自警録』

四一

# 勝っている間に負けたときの準備をせよ

人生において連戦連勝を望むことはできない以上、人は勝っている間に、あらかじめ負けたときの準備をしておくことが大切だ。

これは、たとえていうならば、企業の場合は損失準備金を積み立てておくことであり、個人の場合でいえば、生命保険なり火災保険に入っておくようなものだ。

勝っているときにこそ、「待てよ」と一歩下がって考える余裕をもたなければならない。

『自警録』

四二

# 勝って誇るな、負けて嘆くな

物質的利益や地位、名誉などといった世俗的なものから超然とすることができれば、世の中でいわれるような勝ち負けは、まったく意味がなくなる。

真の勝利者というのは、自分に勝つことができる人であり、私心のないことがその条件だ。

この点に思いが至れば、世の中でいうような勝ち負けなどには一切惑わされることはなく、勝っても誇らず、負けても嘆かず、つねに心穏やかに暮らしていくことができる。

『自警録』

四三

# 表と裏をうまく使い分けよ

表裏という言葉を聞くと、とかく表は良く、裏は悪いように思われているが、このような考え方は間違っている。

人生というのは表と裏の両方があってはじめて成り立つものであり、逆に、表裏をわきまえずに行動すれば、人に迷惑をかけることになる。人生においては、このように表裏を適切に使い分けることが礼儀にかなったことなのだ。

『自警録』

四四

# 好き嫌いで物事を判断するな

好き嫌いで物事を判断すると、とかく善悪の判断ができなくなる。たとえば政治に関しても、ある政治家のことが嫌いだとなると、その人の政策がいかに正しくても、それを間違いだと批判するようになる。また、その政策を論理的に論破できないときには、その政策自体はいいとしても動機が不純だなどといって批判するようになる。

自分の好きなものは良い、嫌いなものは悪いというように、好悪によって物事の善悪を判断することは、巻き尺で物の重さを測るのと同じように間違ったことなのだ。

『自警録』

四五

# 人生はいつまでも満足できないものだ

この世は重い荷物を背負って長い道のりを歩いていくようなものだ。何をしても満足できないことが多いし、人と争って負けることも多い。また、うまく一番目の望みを実現できたとしても、すぐに二番目の望みが生まれてくる。そして、二番目の望みが実現できたとしても、すぐにまた三番目の望みが生まれてくる。こんなふうに、人生はいつまでも満足できるものではないと思っていたほうがいい。

『世渡りの道』

四六

# まずは足元の問題から考える

青年時代には、「人生の目的は何か」などといって悩んだりするものだ。しかし、こうした問題は抽象的に考えても解決するものではない。自分は何をしたいのか、何をしたら満足するのかというように、より具体的に考えていったほうがいい。物事というのは、自分に身近な問題から考えていって、より遠くに向かっていくほうが解決しやすいものだ。

『世渡りの道』

四七

# すべては実行に始まる

どんな学問でも、学説というのはすべてあとから出てくるものだ。私たちは学説に合わせて実行するなどということはない。実際には、人間が実行したあとになって、はじめて学説ができてくるものだ。物事というのは、すべてはじめに実行があるのだ。

『人生雑感』

四八

# 親孝行は論じるものではなく実行するものだ

私はよく若い人たちに対してこう言う。

「君たちは孝行といって、親に対する義務を論じたりしているが、それだけでは決して親孝行の何たるかはわからないだろう。お母さんはよく寒い日に風邪をひいていたが、今日は寒がっていないだろうかと心配したなら、たとえ一言でも『今日は東京でさえ非常に寒いですが、お変わりないですか』と葉書の一枚でも出すほうが、どんなに親孝行になるか」

このように物事は単に論じるだけでは意味がない。それがよいことだと思えば即座に実行に移すことが最も大切なのだ。

『人生雑感』

四九

# 大きな勝利のためには小さな敗北は甘受せよ

　世に高潔の士と言われる人の中には、大きな勝利のためには一時的な小さな敗北をあえて甘受した人が数多くいる。
　これについては、ある少年から辱めを受けて、その少年の股をくぐったという漢の名将韓信の話が有名だが、キリストでもこれは同じことで、その伝記を読めば、自分の最終的な目的を実現するために、一時的な小さな敗北を甘んじて受け入れていることがわかるだろう。

『人生読本』

五〇

# 人生とは百貨店のようなものだ

人生というのは百貨店のようなものだ。いかに小さくても、いかにひっそり隠れたものでも、その中には私たちの目を引き、心を動かし、あるいは好奇心を引き起こし、想像力を刺激するものが数かぎりなくあるのだ。

『人生読本』

五一

# 人生には
# 頑張らなければならないときがある

人生の中には、ことさら頑張らなければならないときがあるものだ。長い年月の間には、思いがけない事情から自分の心を強く試されるときがある。いわゆる逆境のときである。しかし、そんなときこそ、何事にも負けない強い意志をもって、頑張り抜かねばならない。

『人生読本』

五二

# 苦難があってこそ本物の人生だ

竹はいかに早く成長したとしても、節のない竹には力がない。川の流れもこれと同じであり、ただ平坦なところを静かに流れていては、勢いがつかない。石や岩などの障害物に出会ってこそ、はじめてその流れにも勢いがつく。人生においても、試練や困難がなければ、その人間の意志を強くすることはできない。苦難があってこそ、本物の人生なのだ。

『人生読本』

五三

# いったん見切りをつけたら未練を残さない

人生においては我慢することが最大の成功要件だ。しかし、その我慢も限界に達するときがある。そんなときには、きっぱりと見切りをつけることが大切だ。

ところが世の中を見ていると、口では「もうやめた」といいながらも、いつまでも未練を残して、愚痴をいったり後悔したりしている人が多い。そんな人は、一見、外にはやめたように装いながら、内ではやめていないのだ。もちろん、見切りをつけるにあたっては、関係者や見識ある人たちの意見も参考にして慎重に判断する必要がある。しかし、いやしくもいったん見切りをつけたのであれば、未練を残さずきっぱりと決別する覚悟が必要だ。

『人生読本』

五四

# 人生には隠すべきものもある

人生には隠すべきものがある。どれほど真実であっても、人に対しては隠すべきものがある。これを表に出すことは、礼儀でもなければ正直でもない。正直と隠蔽とは必ずしも矛盾するものではなく、何でもかんでも表に出したからといって、ただちにそれが正直とは呼べないことも多い。

正直にはそれにふさわしい表し方があり、また隠し方がある。表すべきものを表さないのが不正直なら、表してはならないものを表すのも不正直なのだ。

『人生読本』

五五

# 正直の基準は世の利益になるかどうかだ

ある考えや事実を隠すか明かすかという問題を判断する上での第一の基準は、そうすることが世の中の利益になるかならないかを考えることである。

ことによっては、それを公表すれば自分の不利益になることもあるだろう。しかし、それによって世の中の利益になるのであれば、公表するのが正直というものだ。

その反対に、公表することが世の中の害になることもある。そのような場合には、それをじっと自分の胸の内におさめて、他言しないのが正直というものだ。

『人生読本』

五六

# 目的に達する道は一本だけではない

人はとかく何事においても、決まりきった方法以外では目的を達することはできないと思いがちだ。しかし、新たな事業を始めるにしても、特定の職業につくにしても、それに達する道は決して一本だけではない。

Ａの道で失敗すればＢの道をとり、Ｂの道でうまくいかなければＣの道を試せばいい。大切なことは、最初の目的を捨てずに、最後まで頑張り続けることなのだ。

『人生読本』

五七

# 成功に達する道は一直線ではない

失敗することも成功の一部だ。矛盾しているように聞こえるかもしれないが、実際、世の中では、いわゆる失敗が成功の一部になっている場合が非常に多い。

高い山に登る途中、いったん低いところに下りることがあるように、成功に達する道は決して一直線ではない。ときどき下るのが普通なのだ。

『人生読本』

五八

# 真の成功とは
# 自分の心をしっかり確立することだ

世の中の人は、地位や財産を成功の基準にしたがる。しかし、地位や財産などは、明日どうなるかもわからない、あてにならないものだ。

そもそも真の成功とは、表面に表れるものではない。それは、自分の心をしっかりと確立することにある。自分の内面をよく見て、少しも恥じるところがないならば、それが成功といえるのだ。

『人生読本』

五九

# 失敗から学べる人は強くなる

打撲傷は、そのときに十分治療しておかないと、そのあと何かのきっかけで傷の痛みが再発することがある。

一方、負傷したときに徹底的に治療しておけば、かえって治療する前よりも丈夫になったりする。

これと同じように、一度失敗してもその失敗から学び、新たな力を得る人は、失敗を経験しない人よりも考えが深くなり、意志も強くなるものだ。

『人生読本』

六〇

# 真の成功は勝ち負けとは関係ない

世の中には、成功ほど望ましいものはなく、失敗ほど恐ろしいものはないと考える人が多い。また、失敗を避け成功を得るためには、どんな方法を用いてもかまわないと考えている人も多い。

では、そのような人が思う成功とはいったいどんなものなのか。多くは、お金や権力、名誉を他人との競争に勝って手に入れることだろう。しかし、これらは決して真の成功ではない。

真の成功とは、全力を尽くして自分の本分を十二分に果たすことである。真の成功者には、自分が勝とうが負けようがまったく関係ないのだ。

『自警録』

六一

# 柔らかく握ったほうが多く握れる

自分のもつ最大の力を出して、できるだけ多く握ろうとしても、かえってわずかの分量しか握ることができない。逆に、柔らかく握るほうがより多く握ることができるものだ。

幸福もこれと同じで、柔らかく握ったほうが、より多くつかめる。人生の妙味とは、まさにこのような逆説の中にこそ存在するのだ。

『自警録』

六二

# 名誉や利益は自分から求めるものではない

私自身、名誉や利益そのものが悪いとは思っていない。もしそれが自分からガツガツと求めたものではなく、自然なかたちで来たものであるならば、決してそれを拒む必要はない。

名誉や利益には、他人を傷つけたりして自ら求めていくものと、天から降ってくる露のように自然に与えられるものとがある。自分が正しいと信じることさえ行っていれば、名誉や利益が来ようが来まいが何も気にする必要はないのだ。

『自警録』

六三

# シンプルであれ

青年はシンプルでなければならない。

私がいうシンプルとは、つねに自然で、性格が明るく、すねたところがなく、まっすぐ伸び伸びとしていることだ。

大人に比べると、青年は世の中に求めるところが少ない。名誉とか出世などといった小欲がなく、何事についても心がシンプルなのが青年というものだ。

『修養』

六四

# 人から褒められることを目的にするな

正直に白状すると、私は十四、五歳のころまでは、人生の目的は名をあげることにあると思っていた。しかし、十六歳になって宗教心が芽生えてくると、名をあげて世間的な名誉を得ることは絶対的な善ではないと考えるようになった。

そして、何か行動するときには、「これは人に褒められたいからするのではないのか？」と自問するようになり、そのような気持ちが少しでもあれば、それをしないように努めた。

このように名誉心に駆られて行動することは、私がこの三十余年にわたり最も自戒してきたことなのだ。

『修養』

六五

# 先を見通して今を生きよ

世の中にはケチだと言われるのが嫌で、いつもお金に糸目をつけず派手に使っている人がいる。

こういう人は、お金にきれいでサッパリしているとお世辞を言われて喜んでいるが、それが二代目の時代ともなると、お金がなくて他人に迷惑をかけ、一家の恥をさらすようになることが多い。

これはまさに先見の明のなさによるもので、立派な志をもった人のすることではない。

『修養』

六六

# 人生とは百合の根のようなもの

人生とは百合の根のようなものだ。剥いでも剥いでも、どこまでいっても中身があるように思える。そして、それを一枚でも多く剥いだ人は、それだけ多くの人生を味わったと言えるだろう。

しかし、人生とは本当に奥深いものであり、その中心にまで至れる人はほとんどいない。ところが、人はよく、人生の途中までしか行っていないのに、人生のすべてがわかったような気になってしまうのだ。

『修養』

六七

# 自分の狭い経験だけで判断するな

私たちは自分の狭い経験をもとにして物事を性急に判断してしまいがちだ。

たとえば、今まで信頼していた友人に裏切られた経験のある人は、人間とはすべて裏切るものだと思うようになる。また、自分の尊敬していた人が過ちを犯したりすると、世の中に尊敬すべき人は誰一人いないと思ったりするようになる。

このように自分一人の狭い経験だけをもとにしていると、人生の重要な岐路で誤った判断をしてしまうことになる。

『修養』

六八

# どんなことでも善用することができる

物事を善用することは、どんな人にもできることだ。

私は三十五歳のときに大病にかかり、完治するまでには、早くても三年、遅ければ七、八年かかると言われたことがある。医者からは、その間一切仕事をしてはいけないと言われ、あまりの無念さに、人が寝静まった夜半に一人で枕に涙することがたびたびあった。

そんなときには、運命が自分を虐待しているように思われ、世の中のことすべてに不満を感じていた。しかし、あるとき、この機会を善用すれば、健康なときには雑務に忙殺されて勉強できないこともでき、修養もできるのではないかと、人生に対して前向きな気持ちになることができたのだった。

『修養』

六九

# 一個人として生きよ

どんな職業についても、その職業独特の癖のようなものが自然とその人の言動に表れてくるものだ。

しかし私は、人からどんな職業についている人間かはわかってもらえなくても、一人の確固たる人格をもった人間であると思われたい。

どれほどの名誉や恥辱を受けようが、私は私だ。人を恨まず、天を恨まず、世間の評価など気にせず、どんな職業についていても、一人の人間として天を楽しみ、地を楽しみたい。

『修養』

七〇

# 捨てる覚悟をもて

世の中における幸福や名誉などは、それを得てもよし、得なくてもよしと思っているぐらいがちょうどいい。そうした考えをもつには、最終的には一切を捨てる覚悟がなければならない。

もっとも、一切を捨てるといえば、浮世を捨てて山奥に引っ込むように聞こえるかもしれないが、そのような消極的な意味ではない。

浮世にいても、何物も惜しみなく捨てる覚悟さえもてれば、何ら不満が起こることもなく、人生の幸福を感じて愉快に生きていくことができるのだ。

『人生雑感』

七一

# 真に年をとるとは人間的に成長することだ

年をとるとはどういうことなのだろうか。

去年は酒のために失敗したが、今年はそれがなくなった。

去年は人の悪口をよくいったが、今年はそれをしなくなった。

去年は人をうらやむ癖があったが、今年はそんな癖もなくなった。

このように、自分の努力と実行によって毎年人間的に成長し、向上発展することが、真に年をとるということだ。そんな人間的成長がなく、無為に過ごしたとしたら、それは真に年をとったことにはならない。

『修養』

七二

# 人間活動の目的は世界の開拓にある

人を教育することであれ、田畑を切り開くことであれ、人間活動の目的というのは、世界や社会を開拓して発展させていくことにある。

では、そうした活動にあたる者にはどんな覚悟が必要かというと、少なくとも三つある。

第一は金は儲けられないということだ。ゆえに金の欲しい者はこれをしないほうがいい。

第二は苦しいということだ。ゆえに楽をしたい者はこれに向いていない。

そして、第三は世間からの同情は得られないということだ。むしろ悪く言われることのほうが多い。ゆえに人から褒められたいと思う者はこれにあたらないほうがいい。

『人生雑感』

七三

# 死を恐れるのは生を重んじることだ

誰でも死を恐れる。死を恐れるというのを、単に人間としての生物学的現象としてのみとらえるべきではない。そこには、それ以上に深い倫理的な意味も含まれている。

つまり、死を恐れるというのは生を重んじるということなのだ。そして、生を重んじるということは、生きてなすべき義務を十分に果たすということなのだ。

『人生雑感』

七四

# 死は生の一段階だ

自分の義務をまっとうする者にとっては、死は怖くも恐ろしくもない。そもそも私には、死が明確に生と区別されるべきだとも思えない。

たしかに人が死ねば、その肉体は朽ちる。言葉をしゃべっていたのにしゃべらなくなる。動いていたものが静かになる。こうした点だけを見れば、たしかにそこには大きな変化がある。しかし、私にはどうも死も生の一段階にすぎないように思えてならないのだ。

『人生雑感』

七五

# 人間はあたりまえのように死ぬのがいい

プルタークの『英雄伝』などを読むと、ローマの英雄の中には日本の英雄豪傑のような人がたくさん出てくる。そういう英雄たちは、自分たちの死を一種のドラマのように劇的なものとして演じている。

しかし、そうした死に方に私は感心しない。人間は、何の変哲もなく、あたりまえのようにして死んでいくのが一番いいのだ。

その点、日ごろ私が最も尊敬する西郷南洲（隆盛）は実に立派で偉大だ。南洲には生きていても死んでいても何も変わらないといったところがある。まさに死を見ること生のごとく、生を見ること死のごとくといった感じである。

『人生雑感』

七六

# 死を急ぐことは卑怯だ

武士は死を恐れなかったが、死を急ぐことは卑怯だと考えられた。

武士道が教えるのは、忍耐と正しい良心とをもってすべての困難を克服し、それによく耐えよということだった。

武士にとって、真の名誉は天の命ずるところを果たすことであり、それをまっとうせずに死を急ぐことは卑怯な行為だったのだ。

『武士道』

七七

# 人生とは「哀れ」を知ることだ

人の心はつねに活動しており、一つのところに留まることはない。このような心の働きを「思う」という。

生きているなら必ず「思う」。では、人は何を思うべきなのかというと、それは人生の哀れだ。人生の哀れを知らないとするなら、その人の人生は水の泡のようにはかない。

人間は五十年、六十年も生きていれば、その間には必ず哀れがある。地位や学問や財産を取り去って一人の人間として見れば、お互いに悲しいものだ。それを知るのが人生の意義なのだ。

『人生雑感』

# 三

# 日々、全力を尽くす

七八

# 物事は粘り強く少しずつ進めろ

人生で最も重要なことは、実現したいと思うことに、毎日、粘り強く、そして少しずつ取り組んでいくことだ。

もちろん、少しずつ進めれば、それだけ日数も長くかかり、その間には中だるみが起こったり、失敗したりすることもあるだろう。

しかし、物事を着実に成し遂げる、最も確実な方法はこれだけなのだ。

『世渡りの道』

七九

# つらいことがあっても顔には出すな

つらいこと、苦しいことがあっても快活にしていよう。バカではないかと思われるかもしれない。しかし、それでいい。不幸や困難に一人でじっと耐えて、他の人を巻き込まない。これは偉大な行為なのだから。

『世渡りの道』

八〇

# 快活であることは義務だ

外を歩いていると、不機嫌な顔をして人をにらみつけるような人と出会うことがある。そんな人と出会うと、こちらも不愉快な気分になってしまう。

人をそんな不愉快な気分にさせていいわけがない。それより、快活な顔をして相手も愉快な気分にさせるほうがずっといい。

だから、いつでも快活な顔をしているのが人としての義務なのだ。

『世渡りの道』

八一

# 笑顔は人の心をいやしてくれる

この世の中で、お互いに助け合って生きていくためには何をすればいいのだろうか。たとえば、笑顔でいることだ。にこにこしている顔を見ると、気持ちが安らぐことがあるだろう。

どんな人でも生きていく上で多少の重荷は背負っている。たとえ、その重荷を直接背負ってやることはできないとしても、笑顔でいるだけで、お互いの重荷はずいぶん軽くなるものだ。

『世渡りの道』

八二

# 何事も実行が大切だ

何事も実行することほど意義深いことはない。

英国の著名な歴史家カーライルは言った。

「どんな種類の疑問も、実行なしに解くことはできない」

それほど人生では実行が大切なのだ。


『世渡りの道』

八三

# 理論よりも実行を重視せよ

理論を理解するよりも実行することのほうがよほど難しい。たとえば、毎朝冷水浴をするというような些細なことでも、理論で理解するよりも、実際に毎朝実行することに大きな価値があるのだ。何事も百の理論より一つの実行のほうが価値がある。

『世渡りの道』

八四

# いなければ困る人になれ

英語に「ミス」(miss) という言葉がある。日本語にはぴったりくる訳語がないが、基本的な意味は、ものの不足を感じるということだ。「あれがあったら、こんな不自由はしないだろう」とか、「あの人がいれば、こんな苦労もしないだろう」というように、これまで使える状態にあったものや人がいなくなったために、その欠乏を痛切に感じて淋しく思うことを意味する。

このように、人から「ミス」されることは、どんな仕事をしていても最も大切なことだ。いなければ困るような人になってはじめて一人前といえるのだ。

『世渡りの道』

八五

# 人生とは惜しみ惜しまれること

助け助けられ、惜しみ惜しまれて、苦も楽もお互いに分かち合うのが、まさに人生というものだ。いなければ困る人というのは、人から惜しまれる人だ。そして、「惜しむ」というのは「欲しい」という意味で、「惜しい」と「欲しい」は同じことの表裏だといえる。

欲しいと思えばこそ惜しくなり、惜しいと思えばこそ欲しくなる。人として生まれた以上は、人から欲しがられ、惜しまれる人になりたいものだ。

『世渡りの道』

八六

# 自分を惜しんではいけない

人から惜しまれる人というのは優秀だから、職場で優遇されることが多い。そうすると、そのような人には「自分を惜しむ」気持ちが強くなってくる。「自分はこんなところにいるような人間ではない。自分にはもっとふさわしい仕事や場所があるはずだ」という不満の気持ちが湧き上がってくるのだ。

人に惜しまれるのは望ましいことだ。しかし、自分を惜しむことは厳に慎まなければならない。自分を惜しむような人には、もともと惜しまれるような価値はない。惜しまれているように見えるとしたら、何か技術があったり、専門知識があったり、一言で言えば、便利な人間だからだ。

しかし、世の中には便利な人間の代わりなどいくらでもいる。そんな人が職場からいなくなっても、すぐに忘れ去られてしまうものだ。

『世渡りの道』

八七

# 真に惜しまれたければ人格を磨け

真に惜しまれる人というのは、品性正しく、真面目で正直で、誰にも愉快な感じを与え、その人が部屋に入ってくるとパッと明るくなったような感じがするものだ。

手腕や能力はそれほどでもないかもしれないし、話上手でもないかもしれない。しかし、そういう人はまさに部屋の中の光のようなもので、ふだんは光があることさえ意識されないが、光が消えて部屋が真っ暗になったとたんに、その光の価値が明らかになるのだ。

『世渡りの道』

八八

# 職務に忠実な人が最も惜しまれる

最も惜しまれる人とは、自分の職務に忠実で、品格が高く、自己を捨てて働く人だ。言い換えれば、自分の地位に不満を抱かず、上を見てうらやんだり、下を見て傲慢になったりせず、謙虚な気持ちで自分の仕事に全力を尽くすことができる人だ。

過去の栄光を夢見たり、将来の出世を期待したりして、今日の務めを怠るようなことのない人だ。

『世渡りの道』

八九

# 上司の長所に目を向けよ

上司には部下の真価を見極める見識が必要だ。その一方、部下も上司を大切にしなければならない。

企業や役所の役職者には欠点の多い人もいるが、それなりの役職についている人には何かしらの長所があるはずだ。もちろん、完全な人たちではないかもしれない。しかし、まったく取り柄のない人が組織の長になることもないだろう。

かりに人徳がないとしても、何らかの能力が、また能力がないとしても専門的な知識があるなど、ともかく上司には何らかの長所があるはずだ。部下はそうした上司の長所を正当に認めるように努めなければならない。

『世渡りの道』

九〇

# 上司と部下はお互いに惜しむ気持ちをもて

部下に上司を惜しむ気持ちがあれば、上司も部下のことを惜しむようになる。

部下が上司を惜しみ、上司のためなら自分のことを惜しまないようになれば、上司のほうも部下のために一生懸命考え、大切に使うようになる。

これはちょうど、自分の愛する器を大切にするのと同じで、傷つけないよう、減らさないように惜しんで使うようになるのだ。さらに、それを一歩進めて、その器をもっと良くしてやろう、育ててやろう、伸ばしてやろう、磨いてやろうという気にもなる。

『世渡りの道』

九一

# 悪口を言わないことほど難しいことはない

人の悪口を言うのが好きな人は多い。しかし、その動機といい、その目的といい、感心することはほとんどない。また、その結果についても、めったによいことはない。

悪口は言わないだけでも大きな善行だ。単に悪口を言わないだけというのは消極的に聞こえるかもしれないが、実際には、これは大変大きな積極的修養法なのだ。

『世渡りの道』

九二

# 同情したらすぐ行動に移せ

同情心が起こったときには、ただちにそれを行動に表すことが大切だ。私たちは、こんなことをすれば人から何か言われるのではないか、何か思われはしないかと、いつも他人の視線を気にしている。しかし、人が何と思おうと、遠慮することはない。動機さえ正しければ、進んでそれを行動に移せばいいのだ。

『世渡りの道』

九三

# 現在の仕事に最善を尽くせ

真に偉い人というのは、現在の自分の仕事に全力を尽くす人だ。しかし、それとともに、余裕をもって仕事をしている人でもある。そういう人は、いかに小さく、いかにつまらない仕事であっても、それを完全に成し遂げ、この人がいなくてはできない、この人がいなくては困ると言われるものだ。

『世渡りの道』

九四

# 転職しようと思っても一時的な感情に左右されるな

どんな職業についていても、何年か勤めている間に、人間関係や仕事内容への不満、あるいは自分の健康状態、家庭の事情などといった理由によって、他の仕事に転職しようと思うときがある。

そんなときにも、決して早まってはいけない。まずは冷静になって、なぜ今の仕事が嫌になったのかということを、じっくり考えてみることが大切だ。人というのは、とかく一時的な感情に左右され、自分の進むべき人生行路を誤ってしまうことが多い。

『人生読本』

九五

# 仕事に忠実であれば必ず道は開ける

ものには順序というものがある。そのような順序の中でも守るべき最も大切なことは、各自に与えられた仕事を忠実にこなすということだ。仕事に忠実であれば、小さな仕事をしている人も、その次には中くらいの仕事に進み、それより先はさらに進んで大きな仕事を与えられるものだ。小なるものに忠実である人は、大なるものにも忠実なのだから。

『人生読本』

九六

# どんな癖でも変えることができる

「なくて七癖」という言葉があるように、癖のない人間はいない。しかし、とかく私たちは、そうした癖については変えられないと思いがちだ。そのため、人物評をするときにも、「これは彼の癖だからやむを得ない」とか、「またあいつがあの癖を出した」などといったりする。

このような言い方をするのは、人の癖というのは不変で、意志の力では変えられないと考えているからだ。しかし、どんな癖であっても、私たちの心がけ次第で、今までやっていたことをやめたり、新たに始めたりすることができるのである。

『人生読本』

九七

# 使われる覚悟をもて

何事によらず、「人を活かして使う」ということは、部下をもつ者のつとめだ。しかし、「人を活かして使う」ためには、自分が使われる覚悟をもたなければならない。

聖書に、「汝、人の長たらんとする者は、自ら人の下僕たれ」という言葉があるが、他人のために自己を犠牲にするとは、まさにこのことである。

『人生読本』

九八

# 仕事は適任者に任せよう

仕事をするにあたっては、そのすべてを自分でする必要はない。それをするのに自分よりも適任者がいれば、その人に任せればいい。

そして、直接間接にその人を援助することができれば、その仕事に自分も貢献したことになるのだ。

『人生読本』

九九

# 実行のともなわない思慮は無意味だ

今日の教育制度のもとに育ってきた日本人は、おもに知識の面ばかり発達して、意志についてはおろそかにされてきた。そのため、決断力が発達していないところがある。

明治のはじめに英雄が数多く現れたのは、彼らに学問があったからではない。むしろ、学問がなかったことが彼らを偉大に、そして強くしたのである。

思慮のともなわない実行は危険だ。しかし、その反対に、実行のともなわない思慮も無意味で無責任だ。

『人生読本』

一〇〇

# 自分の仕事の出来栄えを判断できるのは自分だけだ

一人前の仕事をするというのは、各人が天から与えられた才能と力を思う存分発揮することだ。だから一人前の仕事をしたかどうかを判断する基準は、それを行った本人の中にしか存在しないはずであり、その基準を自分の外に求めるべきではない。

自分がしっかりした仕事をしたかどうかを判断できるのは自分自身しかいないのだ。

『自警録』

一〇一

# 富は人生の目的ではなく手段だ

富はその使い方によっては社会的に大変有益であり大切なものだ。しかし、富そのものが人生の目的であってはならない。

富は人生の目的を実現するための手段であって、人がその人間性を十分に発揮するための道具にすぎないのだ。

『自警録』

一〇二

# お金は一時的な預かりものと思え

お金は決して自分ひとりのものではない。それは社会共有のものである。たとえお金が自分の財布の中に入っていたとしても、それは一時的に社会から預かっているのにすぎないのだ。

つまり、お金というのは、社会からの依託金のようなものだ。むやみに浪費することは慎まなければならない。

『自警録』

一〇三

# 日常の平凡なことこそ大切にせよ

私たちが毎日判断しなければならないのは日常の平凡なことだ。そうしたことは頭を絞らなくても、常識で判断できると思っているだろう。しかし、常識で判断するというのはそう簡単なことではない。そして判断したことを実行するのはさらに難しい。

それをしっかり行い、日々の平凡なことも怠らず熱心に行っていけば、たとえ人生の大問題に遭遇しても、うろたえることなく判断し解決することができるだろう。

『修養』

一〇四

# 自分に合うものをよく見極めよ

青年というのは一時の気分に駆られて判断を誤りやすい。自分の好みや性格に合うと思って選んだ職業も、実際にやってみると、そうでもないことがある。それは、自分が好きだと思ったものが、実は本当に好きなものではなかったからだ。

四角の人間が三角の職業を選んだとしても、決してうまくいくことはないだろう。

『修養』

一〇五

# 仕事の実現を目的とせよ

いやしくも志を立てるのであれば、名誉や利益を求めるのではなく、仕事を実現することを目的としたいものだ。

もちろん、仕事をして、それがうまくいけば、知らず知らずに名誉や利益がついてくるだろう。そんな場合には、何もそれを避ける必要はない。

しかし、仕事そのものよりも地位や金銭などに目がくらむようでは、それはまさにつまらない人間だ。

『修養』

一〇六

# 志と日々の実行が成功の両輪だ

織物は縦糸だけではできない。横糸があって、それが縦糸と交わることによって、はじめて美しい織物が完成する。

それと同じように、志はあっても、それに向かって毎日こつこつと努力し、継続していかなければ、どんなこともものにはならない。

志と日々の実行こそが成功の両輪なのだ。

『修養』

一〇七

# 一事は万事に通じる

どんな些細なことであっても、一事に熟達すれば、それは他のことにも通じるものだ。

物事はすべて別々のように思われるかもしれないが、実際には、本質という面では共通しているのだ。

『修養』

一〇八

# 一事に邁進せよ

何事においても、物の極意というのはすべてに通じるものだ。したがって、いったん何かをなそうと決意したならば、それ一筋に邁進しなければならない。

途中で障害が生じてもそれを排除し、また途中で倒れても再び起き上がって進んでいかなければならない。

物事は、そのようにひたすら一筋に励むことによって、はじめてその極意に達するものなのだ。

『修養』

一〇九

# 小事を積み重ねてはじめて大事を行うことができる

人が健康でいることができるのは、空腹になったときに食いだめをするからではない。ふだんから十分に栄養をとり、体力を蓄えているからだ。

それと同じように、何事もまずは日常の小事をきちんと行うことによって、はじめて大事を行う力も養うことができるのだ。

『修養』

一二〇

# 善意の動機をもて

人間の心を動かす動機には強力なものが四つある。色情、利益、権力、名誉の四つだ。

これらの動機は強力なものであるだけに、善意に使えば社会に大きな貢献をすることができる。しかしその反対に、これを悪意に使えば多大な害悪をもたらすことになる。

社会のために大いに貢献するか、それとも大きな害悪となるか、それはその人の動機次第なのだ。

『修養』

二二

# 計画性をもて

世の中には、「人の命というのは、今日あっても明日はないかもしれない」などと言って、計画性のないその日暮らしをする人間がいる。

しかし、それは大変愚かなことだ。「人の命というのは、今日あるように明日もある」と考えるほうがより合理的なのだ。

今日はあっても明日はないかもしれないというのは消極的な考えである。今日があるなら明日もあるだろうと考えて、さまざまなことを前もって計画し、準備するのが積極的な考えというものだ。

『修養』

一二三

# 日ごろから実力を養え

若い人は何か仕事につくと、すぐ不満を口にする。しかし、そんな不満を言う前にやらなければならないのは、人から使ってもらえるだけの実力を養うことだ。

今はこんなつまらない仕事をしているが、御用があれば何でも立派にやってみせますというぐらいの見識と思想と、そして実力を、日ごろから養っておかねばならないのだ。

『修養』

一二三

# 礼儀は
# 最も経済的な方法の集大成だ

西洋人は日本人の細かすぎる礼儀をしばしば批判するが、私は礼儀をつまらないものとは考えていない。

礼儀というのは、一定の成果を達成するための最も適切な方法の集大成である。何事もそれをなすには最善の道があるものだ。そして、そのような最善の道は最も経済的であると同時に、最も優美である。

『武士道』

一一四

# 礼儀はやさしい感情を表す

礼儀は人間の所作に優美さを与えるだけではない。そのほかにも大変有益な働きをしている。

礼儀は仁愛と謙遜の動機から生まれるものであり、それは他人に対するやさしい感情の表れだ。そして、そのようなやさしい感情は泣く者とともに泣き、喜ぶ者とともに喜ぶ同情に通じる。まさに礼儀とは同情の優美なる表現のことなのだ。

『武士道』

# 四

# 心を鍛える

一一五

# 善も悪も心のもちようで変わる

この世には絶対的な善も悪もない。どんなことでも、善にも悪にも解釈できることが多い。心のもちようによって、物事はどうにでも取れるのだ。

嫌だと思えば嫌なものになるし、素晴らしいと思えば素晴らしいものになる。

だったら、物事はできるだけ善意に解釈し、快活な態度で取り組むのがいちばんだ。

それが悪であると証明されないかぎりは、私はすべてを善意で解釈したいと思っている。何事も善意で解釈すれば、嫌な人間に対しても不快な気持ちがなくなってくる。

どんなことでも物事には明暗の両面があるが、できるだけ明るい面を見ていこう。

『世渡りの道』

一一六

# 物事は公平な目では見られないと思え

自己の望みや欲望のことを私は「小我」と呼んでいる。この「小我」は磁石のようなもので、知らず知らずの間に、あらゆる理由を「小我」のほうに引きつけようとする。

人間は自分の嫌いな者の欠点は非常に大きく見える一方、自分の好きな者の欠点は非常に小さく見えてしまう。まさにこれは、人が「小我」に引き寄せられてしまうからだ。

人間というのは、自分では物事を正しく見ているつもりでも、実際には「小我」の制約を受けてしまっているのだ。

『世渡りの道』

二一七

# 自分を憐れむな

たとえば、社会的にも経済的にも申し分のない状況に恵まれていても、自分に子どもがいないことを何よりも不幸だと感じ、自分ほどかわいそうな人間はいないないと思う人がいる。

こういう人は、ほかにどれだけ恵みを受けていても、それに感謝する気持ちが起こらず、すべてマイナスに考えてしまう。本当にもったいないことだ。

『世渡りの道』

一一八

# 同情は人間らしい高尚な感情だ

同情とはまさに読んで字のごとく、情を同じくすることであり、相手の感情を思いやることだ。それは、相手の苦楽を見て、自分の苦楽のように感じる感情の働きなのだ。

「わが身をつねって人の痛さを知る」という言葉があるが、これはまさにこの同情心について述べたものであり、人間の大変高尚な感情だ。

『世渡りの道』

二一九

# 人の困難を喜ぶのは最低だ

ふだん快く思っていない人が何か困難に出会うと、私たちはよく「いい気味だ」などといって喜ぶが、その反対に、「気の毒だ」「かわいそうだ」などと思うことは少ない。しかし、人の困難を見て喜んでいるようでは、下劣な感情に満たされるだけだ。

他人に降りかかってきた困難は、いつ自分の身に降りかかってこないともかぎらない。また、たとえそれが自分に起こらないとしても、他人が困ることは少しも自分の利益にはならない。そこには喜ぶべき理由など何もないのだ。

『世渡りの道』

一二〇

# いつも「ありがたい」という気持ちをもて

人はとかく「ありがたい」という気持ちを忘れてしまう。人から親切を受けたときには「ありがたい」と喜びはする。しかし、それも少し時間がたつと、たちまち忘れてしまう。ひどい場合には、親切を受けたにもかかわらず、それが十分ではないといって不満を訴えることさえあるのだ。

『世渡りの道』

一二二

# 見出されることを求めるな

世の中から見出される人というのは、自分から見出されることを求めないものだ。世の中に不幸の原因は数多いが、その中でも最大の原因は、自分で偉いと思いながら、その偉さを認められないことに不満を抱き、世間を恨むことである。

自分はこれほど偉いのに、なぜ世間は自分のことを見捨てて顧みないのかと思えば、どうしても世の中を恨み、天を恨んでしまうことになる。

『世渡りの道』

一三三

# 心の弾力を保て

筋肉の弾力は年をとるにつれてなくなっていくものであり、それを止めることはできない。しかし、心の弾力は筋肉の弾力と違って、心がけ次第で、墓に入る日まで維持していくことができる。

まさに古人の言葉に「体に老若はあるが、心に老若はない」とある通りだ。

『修養』

一二三

# 人間以上のものと縦の関係を結べ

人間以上のものとの垂直的な縦の関係を結び得た人だけが、自分の根本的な方針を決めることができる。

そういう人は、自分がこのような仕事をするのは天からの使命、天への義務と考え、天とともに働くことを喜びとする。

そして、世の人々から褒められようとけなされようと、平然としていることができる。

仕事の報酬を人から受け取ることができなくても、天からそれを得ることができれば、それで満足することができるのだ。

『修養』

一二四

# 後悔から志が生まれる

後悔というのは、過去においてしたことや思ったことを、間違いだったと悔やむことだ。このように後悔するということは、今後はこんな失敗はしないようにしようとか、こんな思いは抱かないようにしようという新たな志のきっかけにもなるのだ。

『修養』

一二五

# 「ここだ」という感覚をもて

物事というのは、たいていの場合、その善悪の判断がすぐつくものだ。そして善事を行おうとするときには、日ごろ自分がすべきだと思っていたのは「ここだ」という感覚をもって行うことが大切だ。

その反対に、自分が怠惰に流れようとしたときにも、日ごろ自分が気をつけているのは「ここだ」と反省して、自分を食い止めるようにしてほしい。

どんな些細なことにも、重要な転機になる「ここだ」という瞬間があるものだ。このような感覚をもつことができれば、悪事に染まることなく、善事を行うことができる。

『修養』

一二六

# 悪い状況にあるのが普通だと思え

世の中では、人は悪い状態にあるのが普通であり、都合のいい状態にあるのは極めて少ないものだ。

自分にとっていい状態にあるのは珍しいことで、それは長く続くものではない。いつか自分にも悪いときが来ると覚悟しておくべきだ。

そのように思っていれば、どんな状況になっても、あわてることも恐れることもない。

『修養』

一二七

# 状況の悪いときこそ明るい面を見よ

悪い状況にあるときこそ、物事の明るい面を見ようとすることが大切だ。

西洋の詩などに「真っ黒な雲の陰に銀色が輝いている」という表現があるが、実際、黒々とした雲が空一面を覆っているときに、その端のほうに白い雲が見えることがある。

それを見ると、恐ろしそうに見える黒雲の裏にも、太陽がさんさんと輝いている姿が想像できるはずだ。

『修養』

一二八

# 褒められたりけなされたりは気にするな

社会の中で生きている以上、私たちは褒められたりけなされたり、愛されたり憎まれたりするのを避けることはできない。そんなことには惑わされず、いつも心の平静を保てるようにすることだ。

『修養』

一二九

# まずは自らを省みることから始めよ

自分はこんなに一生懸命努力しているのに、なぜ社会は自分を受け入れてくれず、これほど苦しませるのかと恨む人がいる。

しかし、それは社会がその人を受け入れず苦しみを与えているのではない。その人自身が自分に苦しみを与えているのだ。

自分で逆境を作り出しながら、他人によって逆境に陥れられたと恨んでいるだけだ。そんなことでは、いつまでたっても状況は改善しない。

すべては自らを省みることから始まるのだ。

『修養』

一三〇

# 逆境のときこそ冷静に先を見通そう

人は逆境に陥ると冷静に考えることができず、自暴自棄になりがちだ。しかし、そうした逆境のときこそ、一歩下がって「さて、この先どうすべきか」と冷静になって考えることが大切だ。

そうすれば、かすかながらも希望の光が見えてくるものだ。決して短気を起こして絶望してはいけない。希望の光は必ずそこにあるのだから。

『修養』

一三一

# 逆境のときの努力は必ず報いられる

「世は無情」とよくいわれるが、これは決して一〇〇パーセントの真理ではない。この言葉にも四〇パーセントほどは真理が含まれているが、六〇パーセントは「世は有情」といっていい。

どんな逆境に陥っても、そこで全力を振り絞って努力する人は、必ず世に認められて、逆境を脱することができる。それはすぐではないかもしれない。しかし、その努力は決して無駄にはならず、いつか必ず認められることになる。

『修養』

一三二

# 他人が得をすると自分が損をしたように感じるのは劣情だ

世の中を見ていると、人がお金を儲けると自分の分を取られたように感じたり、人が名誉を受けると自分が侮辱されたように感じたり、人が昇格すると自分が降格されたように感じたりする人が多い。

つまりこれは、人が得するのを自分の損のように感じる心性であり、これが一歩進むと、人の不幸を喜ぶ劣情となってしまうのだ。

『修養』

一三三

# 騒いでいても何にもならない

不幸や逆境というのは突然襲ってくるものだ。そうしたときこそ、あわてず、冷静にじっくりと物事を考えて、落ち着いてその後の対応策を考える必要がある。

ただ大変だ大変だと騒いでいるだけでは、ますます逆境の深みに落ち込み、そこから脱出できなくなってしまう。

『修養』

一三四

# 逆境を経験した者だけが人情を知る

今日、キリスト教が世界の何億もの人々に心の平安を与えているのは、キリスト自身がつねに逆境にあって、人生の辛酸をなめ、人情というものをよく知っていたからだ。

実際、人間というのは逆境を経験してはじめて人情というものを理解することができるのだ。終日遊び呆けて享楽的な一生を過ごす人が、どうして人情を理解することができようか。

「身をつねってこそ人の痛さを知れ」という言葉があるように、逆境に陥り、逆境の何たるかを知った者だけが、真の人情を理解することができるのだ。

『修養』

一三五

# うまくいっているときこそ言動に注意せよ

すべて物事が順調にいっているときは、一見何の問題もなさそうに見える。しかし、こうしたときこそ気をつけなければならない。傲慢になりやすいのだ。人を見下したしゃべり方をするなど、無礼な振る舞いが目立つようになる。

また、調子に乗ってしまう危険性もある。逆境のときは何をするにも慎重にことを運ぼうとするが、うまくいき始めると、調子に乗って、しなくてもいいことをしようとしたり、してはいけないことに手を出したりするものだ。

また、何事も順調にいっているために、世間を甘く見るようになり、軽率に動いてしまう危険も出てくる。

『修養』

一三六

# 苦しさも楽しさも
# 自分の心が作り出すことを忘れるな

人生がうまくいっているかいないかの判断基準は、自分の内側に求めるべきものだ。実際、世の中には、財産を失い名誉を傷つけられても泣き言一ついわず、これでようやく重荷をおろすことができたと喜んでいる人もいるのだ。

苦しいのも楽しいのも自分の心の内部の作用であり、それが外に姿を表すのである。人生の境地というのは、すべて自分の心が作り出したものだということを忘れてはいけない。

『修養』

一三七

# 正しい動機をもて

何をするにしても、正しい動機をもつことが一番大切だ。何かしようとするときには、これは自分の名をあげるためにするのではないのか、あるいはお金のためにするのではないかと、その真の動機について自問自答してほしい。

名誉心や貪欲は人間の第二の天性のようなものであり、人が何かしようとするときには、こうした邪心がその動機になっていることが多い。

『修養』

一三八

# 時には怒れ

怒ることは必ずしもつねに悪いとはかぎらない。時と場合によっては、怒ることがかえって有益なこともある。

キリストのような聖人でも、自分がだまされたような場合には激しく怒ることもあり、怒りそのものを悪であるとは見なしていない。怒る理由やその表現方法によっては、怒りが有益になることもあるのだ。

『世渡りの道』

一三九

# 自分の利害を離れた怒りは正当だ

どのような怒りなら正当だといえるのだろうか。それは、自分の利害に関係しないことや、自分以外の存在のために怒る場合だ。

自分の利害に関することのために怒ったり喜んだりするのであれば、それは単に自己中心的なだけである。

『世渡りの道』

一四〇

# 怒りは敵と思え

怒りを完全になくすことはできない。しかし、日ごろの心がけ次第では怒りが少なくなるよう心を磨いていくことはできる。

「怒りは敵と思え」と徳川家康は言った。毎朝、「今日は絶対に怒らないようにしよう」と心がければ、心に怒りが生まれても、それが表れないように抑えることができるようになる。

『世渡りの道』

四一

# 怒りを出さない練習をせよ

いつも怒りの感情を表に出しているようでは、決して怒りに打ち勝つことはできない。せめて日に一度でも、今日自分は怒りに負けることがなかったかどうかを振り返ってほしい。

そして、もし負けたと思うことがあったなら、それを少しでも少なくする工夫をしてほしい。

実は私も生来短気で、すぐに怒りを表に出してしまうことが多かった。しかし、なんとかこれを改めたいと思い、毎晩寝る前に、今日はなぜ怒ったのか、また何度怒りに負けたかを反省し、怒りを抑えるように努力している。

『世渡りの道』

一四二

# 運は心の態度だ

運とは外に表れた現象のことではなく、心の態度のことだ。

何を不運といい、何を幸運というか。石は災い、お金は幸いと決まったものではない。

何事につけても、災いを幸いに変えるのは、自分の心の態度によるのだ。

『人生雑感』

一四三

# 自分自身を信用せよ

社会の信用などはあってもなくてもいい。人から褒められたと大きな顔をしたって、褒めた人が心底から褒めているかどうかはわからない。

そんな社会の信用よりももっと大切なのは、自分自身を信用できるかどうかだ。いくら社会に信用があったって、自分自身を信用できないような者はろくな人間ではない。

『人生雑感』

一四四

# 自分の良心の声に耳を傾けよ

社会というのはあてにならないものだ。自分にとって最も大切なのは自分だ。だからこそ、いつも自分の心、すなわち良心の声に耳を傾けなければならない。

大切なことは、夜中に目を覚ましたときに、天を仰いで、月に向かい、自分の心にやましいところはないという確信がもてるかどうかだ。

『人生雑感』

一四五

# 怒りの火は親切で消そう

人に対して怒りの気持ちが湧いてきたとき、怒りでそれに対処すれば、ますますその怒りの火は強くなるばかりだ。そうした怒りに対しては親切で対処しなければならない。

物事は、こちらの心のもち方ひとつで、どうにでもなる。人の心の中に光を見ようと努力すれば、必ず光が見えてくる。鏡に向かっても、怒れば怒った顔が見えるし、笑えば笑った顔が見えるのと同じだ。

『人生雑感』

一四六

# 物事に執着するな

名誉も富貴も、それが自然に来るものであれば、それ自体悪いということはない。また、美しい服や着物は贅沢だからそれらを着てはならないということもない。

問題はそれらに心がとらわれて執着することだ。

『人生雑感』

一四七

# 感謝の気持ちを忘れない

感謝の祈りを捧げることは心の平安を保つのに大変大きな力がある。人は病気にかからない権利はもっていないので、いつ病気に襲われても不思議ではない。世の中には病気で苦しむ人が大勢いるにもかかわらず、自分は病気にかからず健康でいることができるのは、神の大いなる恩恵だ。

この恩恵を感じて神に感謝する。これが感謝の祈りであり、これほど心の平安をもたらすものはない。

『人生雑感』

一四八

# 自分の権利だけを考えるな

世の中には自分の権利だけを考えて、義務を考えない人が多い。

自分の権利だけを考えるから、世の中への不満や人を恨む気持ちが起こってくる。自分が病気のときには、人は自分の見舞いに来るべきだと考える人にかぎって、人が病気のときには決して見舞いに行かないものだ。

『人生雑感』

一四九

# 何事も心の使い方ひとつで変えられる

世の中にはいろいろな癖の人がいるが、そんな中に、気どってものをいう癖のある人がいる。しかし、この気どるという行為は、決して唇や舌の作用ではない。気どって歩く者がいる。肩をいからせたり、体をゆすったりする者がいる。これは威張りたいという心の中の望みから来るのだ。

つまり、これは自分を自分以上に見せたいという気持ちのことであり、これを抑えることができれば、そのような癖もやめることができる。まさに、世の中に数かぎりなくある嫌な癖も、心の使い方ひとつで矯正できるのだ。

『人生読本』

一五〇

# 心のもち方を直せ

人が同じように肩をいからせて歩いたとしても、その人にこれみよがしの心があれば、人はそれを粗暴であると評するが、そこに邪気がなければ、これを人は軽妙であると評する。

また、同じように人が話をしても、そこに自己本位の心があれば、これを気障であるという一方、相手に対する温情が含まれていれば、それを風流だと評する。

このことからもわかるように、外に表れた癖そのものを直す必要はない。直さなければならないのは、その根本にある心のもちようなのだ。

『人生読本』

一五一

# 正直であるにも時と場合を選べ

正直であることは大切だ。しかし、だからといって、時も場所も選ばず、正直に自説を主張しても、人は聞く耳をもたないだろう。

つまり、どんなに素晴らしい意見であっても、タイミングが悪ければ人の心を動かすことはできない。しかし、どんなに平凡な意見であっても、タイミングがよければ、それが金言として人に聞き入れられることもあるのだ。

『人生読本』

一五二

# 正直の沈黙というものもある

正直とは、腹の中にあるものを何もかも吐き出すことではない。正直には正直の沈黙というものがある。

もし人をだますために沈黙を守るなら、その沈黙は偽りの沈黙だ。しかし、沈黙を守る動機が人をだますためでなければ、その沈黙は正直なものであるといえる。

『人生読本』

一五三

# 疑いは人の心を暗くする

疑うことほど人の心を暗くし、萎縮させてしまうものはない。

とかく、少し頭の働く小利口な人は何でもすぐに疑ってかかる癖がある。しかも、そんな人ほど、自分は物事の裏を見て、先の見通しをつけることができるなどと誇ってみたりするのだ。

『人生読本』

一五四

# 九十九回裏切られても、人を信じよ

百のことを疑えば、そのうちの一つぐらいは当たるかもしれない。

しかし、その一つを当てるために、九十九回人を疑って心を痛めるとすれば、それは割に合わないことだ。

むしろ、九十九回失望したとしても、一回でも人を信じられるほうがどれほどいいだろう。


『人生読本』

一五五

# 成功の基準は自分の内部に置け

私たちは人の評価をするのに、外部に表れた事柄だけを見がちである。そのため、成功の基準を自分の内部に置く者は非常に少ない。

名声は、たとえそれがその人のそれまでの功績に基づいたものであったとしても、必ずしもその人の真の実力を示すものではない。

その人の真の実力や偉大さというのは、決して名声だけではわからないものだ。

『人生読本』

一五六

# 心の扉はつねに開けておけ

人は思いがけないところから、新たな力を得るものだ。しかし、その力は、それを求める心がなければ、やって来ることはない。自分の心の扉を閉ざしているかぎり、決して外からの客を迎え入れることはできないのである。

夜中でも扉を開けて待っていればこそ、自分の家に案内することができる。苦しいときも、悲しいときも、光が入ってくるように、心の扉だけはつねに開けておきたいものだ。

『人生読本』

一五七

# 何事にも動じない心の準備をせよ

人生においては、心の準備をしておくことが最も大切だ。心の準備とは、何事があっても動じない心をもてるようにしておくことだ。親の死、財産の喪失、友人の裏切りなど、人生にはいろいろつらいことが起こる。しかし、どんなにつらいことが起こったとしても、自分の心だけは動じないように準備しておくことが大切だ。

そのような心の準備さえあれば、どんな不幸に出会っても、少しも動じることはないし、逆に思いがけない幸運に出会ったときも、それにのぼせあがってうわついた行動をとることもない。

『人生読本』

一五八

# 勇気は正義のために発揮せよ

人として生きていくには勇気がなければならない。では、勇気があればそれでいいかというと、もちろんそうではない。

勇気というのは目的を実現するための一つの方法にすぎないのであり、それ自体が目的でも動機でもない。勇気をふるうのは、正義のためだ。正義のためにふるうからこそ、それは勇気といえる。

不正義だと知りながら行うのであれば、どんなに勇気をふるったとしても、それは卑怯な行為にすぎない。

『自警録』

一五九

# 人間の真の強さは忍耐にある

人生は試練の連続だ。そして、そのような試練に耐えることによって人間性は磨かれる。

他人から侮辱を受け、これにカッとなって攻撃を加えたりすると、一見勇ましいように見える。その反対に、人から打たれても蹴られてもじっと耐えるのは大変卑屈に見えるかもしれない。

しかし、人間の真の強さというのは、そのような忍耐の中にこそあるのだ。

『自警録』

一六〇

# 柔剛のバランスをとれ

自分の思うところを貫徹するためには、いったん固めた決心を曲げてはいけない。人からどんなことを言われても、それに惑わされない強い心をもち続けなければならない。

だからといって「剛」ばかりで、「柔」である部分をまったく失ってしまうとすれば、それは他人に不幸をもたらすだけでなく、自分自身をも不幸にしてしまう。

人は柔剛のバランスをうまくとってこそ、はじめて円満な人格を作り上げることができるのだ。

『自警録』

一六一

# 思慮のない熱情ほど有害なものはない

何事においても、一時の感情にかられて行動を起こすことは危険だ。熱情といえばよく聞こえるかもしれないが、思慮のない熱情ほど自分自身を害し、他人を害するものはないのだから。

『自警録』

一六二

# 言葉は心のありようを映し出す

日常、私たちは何気なく言葉を使っているが、その言葉はそれを使う私たちの心のありようを映し出している。

たとえば、同じ一人の人物評価をするにしても、その人のことをある人は「あの男は偉い」という一方、またある人は「偉ぶっている」という。

このように、同じ人を評価するにしても、好意をもってするか敵意をもってするかによって雲泥の差が出てくるのであり、そこには、評価する人の心のありようが如実に示されることになる。

『自警録』

一六三

# 心を誠実にしなければ言葉も誠実にならない

言葉などどうでもいいという人は、大きな間違いをしている。言葉はそれを使う人の心もち次第でどうにでも変わるのだ。

それを使う人が悪意をもっていれば、いかに美しい良い言葉であっても、相手に対して不快感を与えることになる。

誠実で愛情あふれた言葉を発するためには、まずはそれを発する人の心自体を美しくしなければならない。

『自警録』

一六四

# 感情は正しい方向に向けよ

感情は読んで字のごとく、私たちの感覚と人情の二つを含む。

そのような感情は正しい方向にも、間違った方向にも走りやすい。感情というのは一種の力であり、感情があるからこそ、私たちの考えにも力が与えられる。

その一方、感情の力がなければ、人の考え方はとかく冷淡になりやすい。感情は意志や思想に力を与えるものであるだけに、誤った思想に感情が混じると、その誤りは一層ひどいものになる。

『自警録』

一六五

# 感情の貯蓄をせよ

善悪はともかく、損得勘定という現実的な観点から考えても、何の必要もないことに感情的になるのは、愚かなことだ。

以前から私は「精神力の貯蓄」という言葉を旗印にして、精神の力も大切に育んでいくことの重要性を論じてきた。それに劣らず重要なのが、つまらない、どうでもいいことにはできるだけ感情的にならないようにする「感情の貯蓄」ということだ。

もちろん、これは人間の重要な感情まで殺せという意味ではなく、感情を入れる必要のないことにまで感情的になるなということなのだ。

『自警録』

一六六

# 一時的な感情に惑わされるな

何事をするにも熱い感情がなければ成功しない。その意味では、感情そのものが悪いということではない。

しかし、一時的に高ぶった感情に支配されてしまうと悪い結果になることが多い。したがって、何か物事にあたろうとするときには、なぜ自分はこれほど熱くなっているのだろうかと、まずは冷静になって考えてみることが必要だ。

感情に支配されてしまうと視野が狭くなり、そのために過ちを犯しやすくなるから要注意だ。

『自警録』

一六七

# 義は最も厳格に守られねばならない

義というのは、武士道の中において最も厳格に守られねばならない掟である。武士にとって、卑怯な行動、曲がった行いほど嫌悪すべきものはない。ある者（真木和泉）が、「人は才能があっても、学問があっても、節義がなければ生きていくことはできない。節義があれば、不調法ではあっても武士としての資格は満たしている」と言った通りだ。

『武士道』

一六八

# 義があってこその勇気

勇気とは、義のために行われるのでなければ、徳の中に数えられるに値しない。孔子は『論語』において、勇気を消極的に定義して、「義と知っていて行わないのは勇気がないのだ」といったが、これは本来もう少し積極的に、「勇気とは義《ただ》しいことを行うことだ」というべきなのだ。

『武士道』

一六九

# 生きるべきときに生き、死ぬべきときに死ぬのが真の勇気だ

武士道においては、死に値しないことのために死ぬことは「犬死」として賤しまれた。

プラトンは勇気を「恐れる必要があるものと恐れる必要がないものとを区別すること」と定義したが、プラトンの名前さえ聞いたことがなかった水戸の義公も、「戦場で討死するのはとても簡単なことで、どんなに身分の低い者でもできる。生きるべきときは生き、死ぬべきときにのみ死ぬのを真の勇気という」と言っている。

西洋においては、道徳的勇気と肉体的勇気は明確に区別されてきたが、日本でもこの違いは以前から認識されてきたのだ。

『武士道』

一七〇

# 真に勇敢な人はつねに沈着だ

人の勇気は、平静、つまり心の落ち着きとして表れるものだ。平静とは静止状態にある勇気のことだ。勇敢な行動が勇気の動的表現であるのに対し、平静はその静的表現だ。

真に勇敢な人はつねに沈着だ。彼は決して驚くことはなく、何事にも精神の平静を乱されることはない。

『武士道』

五

# 人を見る目を養う

一七一

# 世に出る者は憎まれる

これが天職だ、これが自分の進むべき道だと確信して仕事をしている人は、意志の強い人だ。このような意志の強い人は、世の中で勢力を拡大して伸びていく。

そのため、他人からは何かと危険視されて、邪魔をされることが多い。昔の聖人君子のような人たちも、意志が強く、自分の目的をあくまでも貫徹しようとしたため、他人から邪魔されることになったのだ。

『自警録』

一七二

# 誰からも可愛がられるのは自分の意志がない人間だ

人というのは、世の中に出て活躍すればするほど、他人からは憎まれ、足を引っ張られる。

誰からも可愛がられるような人はこの世にはいない。もしそのような人がいるとすれば、それは自分の意志がない者だろう。

誰に対しても適当にお茶を濁すような人間は、人から憎まれることはない。しかしそのかわりに、世間で華々しく活躍することもない。

実際、この世においては、ひとかどの仕事をするような人間で敵のいない者はない。そして、敵がいる以上は、必ず憎まれるのだ。

『自警録』

一七三

# 何をしても批判されるものだ

世の中には、私たちがどんなことをしても、それを喜ばない人間がいるものだ。

たとえば、自分には何も求めるところがなく、純粋に人助けをしたいと思ってしたことでも、それは偽善からやったことであり、慈善ぶっているといって非難される。

また、公共のために頑張れば野心家と疑われるし、老後は他人の世話にならないように貯蓄に励むとケチなどと悪口を言われる。

このように、何をしても、それに対する悪口や批判が起こる。しかし、これが世の中というものなのだ。

『自警録』

一七四

# 有名になるほど批判される

すべて順調にいっている人を見ると、人はこれを褒め、その幸福をうらやましく思う。しかし、その当人に聞いてみれば、必ずしもそんなに幸福というわけでもない。

実際、そうした人にはつらく苦しいことが多いのだが、その苦しみは外部の人間にはわからない。まさに「高い木には風が強い」ということわざの通り、有名な人は嫉妬されたり邪魔されたりすることが多く、何事につけ批判されるのである。

『修養』

一七五

# 多くのことを行うほど非難される

この世の中では、多くのことを行えば行うほど非難される。

そして、世の中で権力をもっている人というのは、多くのことを行う人でもある。だから、こういう人が一番憎まれるのだ。

その反対に、何もしないか、あるいは責任のない仕事をしている人ほど一番褒められるのである。

『自警録』

一七六

# 本当の偉人は平凡な人だ

偉人といえば、国家や世界のために華々しい活躍をした人を思い浮かべるかもしれないが、私はそのような人を偉人だとは思わない。

私のいう偉人とは、一見平凡ではあるが、義理人情に厚く、自己の名誉を顧みずに他人の利益をはかり、接する者の心を和らげるような人のことだ。

『人生読本』

一七七

# 平凡は非凡に通じる

毎朝決まった時間に私の家の前を納豆売りの女性が通る。その女性も、また、納豆売りという職業自体も平凡である。しかし、彼女は毎日決まった時間に来て、値段も安く品質もすぐれた納豆を、親切丁寧にお客に売っている。これは決して簡単にできることではない。

さらにそのうえ、彼女は納豆を売って得たお金で病気の夫を支え、幼い子どもの世話までしているのだ。そんな彼女はまさしく非凡な人といっていいだろう。

『修養』

一七八

# 何事にも動じないのが非凡な人だ

ただのつまらない人と非凡な人とでは、志の内容について大きな差がある。

志を立てるという点においては、両者の間に差はない。しかし、両者の差が最もはっきり表れるのは、その立てた志を実行するときだ。

つまらない人間は志を立ててもすぐぐらついてしまうが、非凡な人は何事にも動じないのだ。

『修養』

一七九

# 自分を高く売りつけようとするな

人は自分の本来の値打ち以上に高く売りつけたいとか、他者からよく思われたいなどと思うものだ。そして、そんな思いを抱くから、本当の自分ではない人間を気どったり、柄にもないことを言ったりしなければならなくなる。

しかし、人はそんなことでだませるものではない。一時的にはだませても、長い間だますことはできないのだ。

『世渡りの道』

一八〇

# 上に立つ者は人を見る目を養え

人を使う人間は、真に惜しむべき人間とそうでない人間を見極める見識をもたなければならない。

真に惜しい人というのは、千人に数人というぐらいに少ない。では、そんなに少ないのであれば、カラスの群れの中のツルのように人目につくかというと、これがかえって目立たないのだ。

また、こういう人は自己宣伝もしないし、人の注意を引くような派手な行動もしないから、大勢の中に埋もれがちになってしまう。

人の上に立つ者は、こういう隠れた宝とその他大勢とを見分ける見識をもたなければならない。

『世渡りの道』

一八

# 声が大きい人間にばかり目を引かれるな

大勢の部下がいる人は、黙々と自分の職務に励む者を正当に評価せず、いつも不平不満ばかり言っている者により大きな注意を払いがちになる。つまり、よほど注意していないと、惜しむべき人を惜しまないで、惜しむべきでない人を惜しむようなことになりかねない。

『世渡りの道』

一八二

# 上に昇るか下に落ちるかで人を見る

人物の真価を判断するのは実に難しい。これを行うには二つの方法がある。

一つは、酒や女など誘惑への道を開いて、その人物がこうした誘惑にどのぐらい堕落してしまうかを見る「ミニマム法」だ。

もう一つは、これと正反対に、その人物がどれほど高くまで行けるかを見る「マキシマム法」だ。つまり、その人物に責任の重い仕事や特別任務を与え、そのときにどれほど高い志をもち、どれほど高潔な行動ができるかを見るのだ。

『世渡りの道』

一八三

# 自分の主義のために戦うときも、相手の人格を尊重せよ

自分の主義のために戦うのはよいことだが、それを人身攻撃にまでもっていってはいけない。自分の主義を貫くにしても、相手の人格を十分に尊重する心がけがなければ、それは自分の主義に不誠実なことになる。

腕力に訴えなければ通らないような主義には欠点があるのだ。いかなる主義にしても、真面目にそれを追求する人間は、反対する者への悪口や雑言を慎まなければならない。

『世渡りの道』

一八四

# 欠点が少ない人間は役に立つことも少ない

どんな人間にも何らかの欠点がある。聖人君子でも欠点があり、人から批判もされる。

玉でも傷のないものはない。かりに傷がないとしたら、それは極めて小さな玉だ。人間もこれと同じく、小さくできた人間には欠点は少ないかもしれないが、そんな人間は世の中の役に立つことも少ない。感心な人だと言われることはあっても、その活動範囲は非常に狭いのである。

『世渡りの道』

一八五

# 注目を浴びることを求めるな

個人にとっては、自分の才能を最大限に発揮して、それによって人から尊敬され、脚光を浴びるのが一番望ましい。しかし、この世の中では、能力のある人が自分の能力を十分に発揮したとしても、それに応じた称賛を受けないことがある。

その一方で、何の能力も発揮せず、人に言われるままに動くような人間でも、その八方美人主義によって人から好かれ、不相応な注目を浴びることがある。

しかし、そんな人が人から注目を浴びたとしても、それは、ただ一時的に目立った舞台にいるだけのことであり、それが直接その人間の偉さを表すものではないのだ。

『世渡りの道』

一八六

# 自分の務めを果たすことが最も大切だ

アメリカのセオドア・ルーズベルト大統領は、山の中で牛馬を相手に暮らしている人間の中にも、その見識といい品性といい、世の中の偉人をはるかに上回る人物がたくさんいると語ったことがある。

もちろん、世間の注目を浴びるような舞台で活動している人も偉い。しかし、楽屋の隅にいて、世間の喝采を受けることもなく、静かにその仕事をやり続けている人もそれに劣らず偉いのである。

人間として偉いのは、天から授かった能力を十二分に発揮して、自分の務めを忠実に尽くすことだ。世間から評価を得られるかどうかは、人の偉さを判断する真の基準ではない。

『世渡りの道』

一八七

# 虚名を求めるな

日本人は社会的な見栄を重んじる傾向が強く、何を為すかということよりも、それによって得られる地位を、より強く求めるところがある。

しかし、こうした地位というのは、表向きの社会に表れた虚名に過ぎず、その人の真の価値を表すものではない。

『人生読本』

一八八

# 人を批判して
# 自分を引き立てようとするな

人の悪口をいうことほど簡単なことはない。これは人間一般に通じる性癖であり、どこの国においても見られることだ。

では、なぜ人は他人の悪口をいうのかというと、それは自己の優秀さを誇るためか、あるいは恨みを晴らすためかのどちらかだ。

あからさまに自分が優秀だといったら傲慢だと批判されるが、人が劣っていることをいえば、それによって自分のほうが優秀であることを示すことができる。自分の周囲をできるだけ黒く塗りつぶせば、それだけ自分のほうが白く見えるからだ。

『人生読本』

一八九

# 社会をよくするために よい習慣を自分が身につけよ

新たに善良な癖をつけるのは、誰にでもできることだ。世の中の善良な風俗、さらには国家の安寧や進歩というのは、そうした個人の善良な癖や習慣による賜物だといってもよい。つまり、個人が良い癖と習慣を身につけることができれば、それは社会を改革する偉大な力になるのだ。

『人生読本』

一九〇

# 個人の価値は性格にある

国家の隆盛も社会の進歩も、誰か一人の頭脳によるところが大きい。三人集まっても、たいてい言い出すのはそのうちの一人だ。まさに個人の力というのは偉大である。

では、その偉大さの最も重要な要素は何かといえば、それはその人の性格だ。その性格が自然に周囲に影響を及ぼし、それが人を動かすことになる。人を刺激し、感動させるのは言葉ではなく、それを語った人の性格なのだ。

『人生読本』

一九

# 「自分が犠牲になった」と言う人を信用するな

いまさら言うまでもないことだが、人生には思い通りにならないことが多い。苦しみや悲しみが次々に起こって、人を悩ませる。

そうした苦しみを引き受け、他人のせいにせず、自分で背負うこと、それこそが真の犠牲というものだ。

そのような真の犠牲を払う者は、自分が犠牲になったことを決して他人に口外したり、泣き言を言ったりはしない。

つねに自分が犠牲を払っていることを誇るような人間を信用してはいけない。

『人生読本』

一九二

# 私心のない人は強い

私心のない人、欲の少ない人、自己の利益に汲々としない人は強い。このような心境になれた人は実に幸せな人だ。

そういう人にはどこか超然としたところがある。威厳があって、世の中の変化を気にしない。

だから、自分は犠牲を払ったなどと口にすることもなければ、そんなことを思ったりもしない。そこにこそ、犠牲の本質がある。

『人生読本』

一九三

# 犠牲という言葉を乱用するな

自分がもっている十のものを捨てて百のものを得ようとするとき、捨ててしまった十を犠牲だと言う人がいる。しかしこういう人は犠牲とは何かがわかっていないのだ。

たとえばエビでタイを釣ったとき、エビを犠牲だといえるだろうか。

私たちは犠牲という言葉を乱用して自分の潔白を宣伝したり、自分が社会に奉仕していることを自慢したりするが、それは厳に慎まなければならないことだ。

『人生読本』

一九四

# 私欲は人間の価値を下げる

世の中にはいろいろな人がいる。

そんな中でも名誉や利益に対する欲のない人ほど強い人はない。賢い人、博学な人、度胸のすわった人などに会うと、この人は本当に偉い人だと敬服することがある。しかし、そんな人の話の中に「私欲」の強さが見えてくると、その瞬間にその人に対する尊敬の念が消え失せてしまう。

『人生読本』

一九五

# 何歳になっても希望のある者は青年だ

青年の定義は、将来に大きな希望をもっている者であるということだ。そこでは年齢は一切関係ない。

したがって希望のない者は、いかに年齢が若くても、片足を棺桶に突っ込んでいるのと同じだ。

希望さえあれば、六十歳でも七十歳でも、その人はいつまでも青年なのである。

『修養』

一九六

# 物事は外見で判断してはいけない

人間には想像力があるが、青年時代はこれが一方に偏る傾向が強い。物事を見るときも明るい面ばかりを見て、暗い面を見ようとしない。どんな仕事でも、一見華やかそうに見えても、実際には辛い苦しいことが多いものだ。外見だけで物事を判断せず、物事の明暗両面について考えてみるだけの冷静さをもつことが大切だ。

『修養』

一九七

# 「虫が好かない」に正当な理由はない

私たちがこれは好きだ、あれは嫌いだといっているのは、物事をよく知らないでいっていることが多く、虫が好くとか好かぬとか、何でも虫のせいにしてしまうところがある。

しかし、物事を直感的かつ表面的に見るのではなく、その奥にある各人固有の悲しみや哀れを知ると、私たちがそのように虫が好かないといっていることには正当な理由がないことがわかるのだ。

『人生雑感』

一九八

# 愛国心を振り回すな

英国の文豪サミュエル・ジョンソンに、「愛国心は悪党どもの最後の隠れ場である」という有名な言葉がある。

愛国心というのは、泥棒だろうが、殺人だろうが、放火だろうが、何であれ、すべての悪魔、悪党が隠れることができる危険なものだ。

このジョンソンの言葉は多少極端かもしれないが、そこには真実が含まれている。実際、私たち自身を振り返ってみても、愛国心という言葉を乱用することがしばしばある。私たちも一時の感情に駆られてむやみにこの愛国を振り回すことなく、感情を静めて、冷静になりたいものだ。

『人生雑感』

一九九

# 日本人は今なお武士道の影響下にある

武士道は桜と同じように、日本の土地に咲いた固有の花だ。それは今なお私たちの力と美の象徴だ。

それは手にとって見ることはできないが、私たちはその強い精神的影響下にある。武士道を生んだ社会はすでに消えて久しい。しかし、昔あったが今はなくなっている星の光が今も私たちを照らしているのと同じように、武士道の光は今も私たち日本人の道徳の道を照らしているのである。

『武士道』

二〇〇

# 武士道とはフェアプレーだ

武士は特権階級だったが、元来は戦闘を職業とする粗野な者たちだった。そして、この階級は、長期間にわたる絶えざる戦闘を繰り返していくうちに自然に淘汰され、弱い者は捨てられ、強い者だけが生き残った。しかし一方で、彼らはその特権にともなう大いなる名誉と責任とをもつに至り、自分たちを律する共通の行動規範を作る必要性を感じ始めた。医者や弁護士が同業者の悪行を罰する基準をもっているのと同じように、武士たちも同輩の悪い行為を審判するための何らかの基準がなければならなかったのだ。

それが武士道であり、その根本にあるのはフェアプレーの精神なのだ。

『武士道』

二〇一

# 武士は行動の人だ

武士は本質的に行動の人であり、学問は武士の活動の範囲外にあった。武士の教育においては、思慮、知識、弁論等の知的才能などよりも、品性を確立することのほうがはるかに重要とされたのだ。

『武士道』

二〇二

# 武士道の徳は庶民に伝染した

武士道の徳は、庶民の一般的徳の水準よりはるかに高いものだった。太陽も最高点に達してから、その光を下のほうに降り注ぐように、武士道もまず武士階級の指導的倫理体系になったあと、それが庶民の間にも浸透するようになった。罪悪にかぎらず、徳も伝染するのだ。

『武士道』

二〇三

# 日本の桜と西洋のバラは大きく異なる

桜の美しさには、ほかのどんな花も及ばない。バラに対する西洋人の感覚を私たちは完全には理解できないが、バラと桜では大きく異なっている。

バラには桜のような単純なところがない。また、バラは甘美だが、その花の下にはトゲを隠している。さらに、バラは生命への執着が強く、簡単には散らず、その花は華美で濃厚な香気を放つ。

それに対して、桜はその花の下に刃も毒もなく、執着せず自然のままに生を捨てる。また、その色も華美ではなく、香りも淡く人を飽きさせることがない。

『武士道』

# 六

# 関係を築く

# 二〇四

# 人は一人では生きていけない

もしあなたが、まわりに誰も人間がいないところに生まれたとしてみよう。するとどんなふうに育つか。人間らしいところなどなく、他の獣と同じような動物に育ってしまうはずだ。

人がこの世に生まれるというのは、他の多くの人がいる社会の中に生まれるということを意味する。人は一人では生きていけないのだということを心に刻もう。

『世渡りの道』

二〇五

# 気どっても無駄だ

人とのつき合いで最も重要なことは、気どらないことだ。

気どるというのは、一時的に自分ではない他人を演じることだといってよい。しょせんそれは借り物だから、相手にすぐに見抜かれてしまう。人の目というのは案外鋭いものだ。いくら気どっても、遅かれ早かれ見抜かれてしまうのだ。

『世渡りの道』

二〇六

# ありのままの自分を見せよう

自分自身をありのままにさらけ出すことができれば、他人との間に壁などつくる必要はない。しかし、人間はなかなかそのようにはできず、つねに何か隠そうとする。

もし人に言えるような考えがないのであれば、「ない」と言えばいい。ないものをあるように装おうとするから、つくる必要もない壁をつくって、ないものを隠そうとすることになるのだ。

『世渡りの道』

二〇七

# 人のご機嫌をとろうとするな

人間として生きる上で忘れてはならない重要なことは、決して人のご機嫌とりをしないということだ。

もちろん、相手の気に入るようなことを自分自身も言いたいのであれば、それを言ってもかまわない。しかし、何とか相手に気に入られようと、思ってもいないことを言うのであれば、それは追従だ。

『世渡りの道』

二〇八

# 「ほめ上手」と「ご機嫌とり」は違う

人と話すときには、その人の気に障るようなことは、なるべく言わないほうがいい。もしそれが自分の偽りの気持ちでないのであれば、できるだけその人が喜ぶことを言ってあげるがいい。それが「ほめ上手」というものだ。

しかし、偽りの気持ちをもって人が喜ぶことを言うのであれば、それは「ご機嫌とり」だ。この違いを忘れてはならない。

『世渡りの道』

二〇九

# 謙遜も過ぎれば嫌味になる

つき合っていて嫌だと思うのは、謙遜し過ぎる人だ。たしかに謙遜は美徳でもある。しかしその度が過ぎると、聞いていて気分が悪くなるほど嫌味を感じさせるものになってしまう。

『世渡りの道』

☆二〇

# どんな人からも学ぶ

人と対応するときには、どんな人からでも何かを学ぼうとすることが大切だ。

特に自分が知らないことについては、それをはっきり知らないと自覚した上で、相手から貪欲に学ぶ姿勢をもったほうがいい。

これは簡単なように見えるが、気が小さい見栄っ張りな人間にとっては最も難しいことだ。そういう人間は「自分は何でも知っている」と見せかけたいし、自分が物を知らないことが相手に知られてバカにされるのを恐れるからだ。そして、そのために、よく知らないことでも人から学ぶことができなくなってしまうのだ。

『世渡りの道』

二二一

# 相手の得意な話題を選んで話す

人は心がけ一つで誰からも学ぶことができる。その際に注意すべきなのは、相手が得意な分野の話題を選んで話すようにすることだ。

相手が不得意な分野の話題にすると、相手はまるで試験問題でも出されたかのように感じ、不愉快になってしまうだろう。真に交際がうまい人は、知ったかぶりをせず、相手が得意な分野について、喜んで話をしてもらうように配慮するものだ。

『世渡りの道』

二二二

# 会話はお互いに利益があるものにしよう

会話をするときには、相手から利益を得るだけではなく、相手にとっても何か利益になることを話したいものだ。

つまり、会話はお互いに利益あるものにすべきなのだ。

もちろん、そうはいっても、会話を講義のように堅苦しくしてしまってもいけない。あとになって、「あのときの会話は楽しかったが、それだけでなく自分のためにもなった」と記憶に残るようにしたいものだ。

『世渡りの道』

二一三

# 「小我」を捨てて譲歩する

会社でも学校でもどんな組織の中にも、円満な性格の人もいれば、角張った性格の人もいる。

この世というのは、犬と猿のように、相反する性格の人が混在している。そんな相反する性格の人間が集まった社会が調和を保つためには、お互いに「小我」を捨てて譲歩することを学ばなければならない。

『世渡りの道』

二一四

# 性質の違う人を受け入れよ

生きていく上では、自分と性質が違うという理由だけで、人を排斥することもできないし、絶交することもできない。

どうせできないのであれば、むしろ、そうした人たちとも一緒になって協力したほうがいい。しかし、世の中を見てみると、自分と性質が違うといって他人を排斥したり、陰に回って悪口を言ったりする人が多い。

こうした行動は、自分の仕事にとっても不利益になるだけでなく、自分の人格も小さくしてしまう。人の欠点を一つあげれば、自分にも欠点が一つ加わり、人の人格をけなせば、それだけ自分の人格も小さくなってしまうのだ。

『世渡りの道』

二一五

# 人の非は見ないようにせよ

とかく人の悪口をいうのはおもしろく、しかも、それをいっている間は、さほど悪いとも感じないものだ。

しかし、悪口をいい終わったあとになると、何か自分が下品になったようで、高いところから泥の中に落ちたような気分になる。そうならないようにするためには、人の非を見ないように努力することが大切だ。

また、不幸にしてそれが見えてしまった場合でも、せめてこれを口外しないように努力することが大切だ。

『人生読本』

二一六

# 威張ることほど人を不愉快にさせることはない

英語の「プライド」という言葉には二つの意味がある。その一つが傲慢とか横柄などといった悪い意味だ。これは簡単にいえば、「威張る」ということである。

「威張る」とは「威を張る」ということで、本来は「威厳を示す」というのがその真意だ。しかし、自己の内部が空虚であるにもかかわらず、それを隠すために、外に対して威圧的行動に出るのが「威張り」というものなのだ。

人との交際において、この「威張り」ほど、人を不愉快にさせ、交際の邪魔になるものはない。そして、残念なことに、世の中でこの性癖をもたない者はほとんどいないのである。

『人生読本』

二一七

# 威厳に対して人は敬意を抱く

「プライド」のもう一つの意味は、自己の品格を高く保つ「自尊」という良い意味で、これは「威厳」につながるものだ。このような「威厳」とは、本来、各自の心の中にあるもので、それは自然に外に表れてくるものだ。そして、それがいったん外に表れれば、人はそれに対して自然に敬意を抱くようになる。

『人生読本』

二一八

# 名誉は他人に、非難は自分に

私の知人の一人に、仕事において、よいことはいつも部下に花をもたせ、自分は根となり葉となってこれを保護するように心がけている者がいる。

このように、日本では「人の上に立つ者は、名誉を得るときはこれを部下に帰し、失敗したときは部下の責任を自分が負う」という「名誉は他人に、非難は自分に」というよき伝統がある。実際、人を活かして使う上で、これほど指導者にふさわしい心得はない。

『人生読本』

二一九

# 裏切られても見捨てるな

たとえ、ある人のことを十信じて七まで裏切られたとしても、それでその人のことを見捨ててしまってはいけない。残りの三に期待をつなぐべきだ。

もちろん、これは簡単にできることではない。しかし、人生を明るくするにはこれが最善の方法だ。自分を欺いたり裏切ったりする者に対しては、少し時間を貸してやる気持ちの余裕をもったほうがいい。

幸福の秘訣は、このような心をもてるかどうかにかかっているのだ。

『人生読本』

二三〇

# どうでもいいことは譲れ

日常生活においては、どちらでもいいようなことが多い。そんなことにいちいち自分の意志を通そうとしては、いくら時間があっても足りない。

私はいつも思うのだが、世の中には自分の意志を何がなんでも通さなければならないようなことは、そんなに多くはない。だから、自分が主張する前に、物事の優先順位をよく考えて、小さなことについては、それが自分の大きな目的の妨げにならないかぎり、一歩も二歩も人に譲るようにしたほうがいい。

『人生読本』

二三二

# 励ましの言葉はかけたほうがいい

人生で何が一番ありがたいかといって、自分が失意のどん底にあるときや真っ暗闇の中にいるときに、人から励ましの言葉をかけられて、一筋の光を見つける思いがすることだ。

人が落胆しているときに励ましの言葉をかけたり、涙をふいてやったりすることは、単にその人の悲しみを軽くするだけではなく、その人に新しい力を与えることができるのだ。

『人生読本』

二三三

# 世渡りの秘訣は人に譲ることにある

この世の中を渡っていくには、穏やかに、意地を張らずに、人に譲れるところは譲るようにするのがいい。世渡りの秘訣は人に譲ることにある。

その反対に、自分の権利を最大限に要求することは、人として大変卑劣で恥ずべきことであり、決して自分のためにもならない。

『自警録』

二二三

# 柔和な心は柔和な心を引き出す

自分から進んで親切や思いやりを示すと、相手もそれに好意的に反応するものだ。つまり、柔和で穏やかな心をもって人に接すれば、相手からも同じように柔和な心を引き出すことができるのだ。

『自警録』

二二四

# 柔和は永遠の徳

柔和で穏やかであることは永遠の徳だといえる。それに対して、剛であることや力でもって他を圧倒することは、たとえ一時的には効果があったとしても、永遠には続かない。

『自警録』

二二五

# 譲れない一線は死守せよ

私は常々、人に譲れと説いている。しかし、それは何でも人に譲れということではない。事によっては、一歩たりとも譲れないこともあるだろう。そんなときには、一歩たりとも譲ってはいけない。

譲ると、相手は図に乗ってますますそれにつけ込み、理不尽な要求をしてくることがある。これより先は一歩も譲ることはできないときには、相手の要求は断固拒否しなければならない。まさにそこにこそ、人間としての真の強さが発揮されるのだ。

『自警録』

二二六

# 悪口は聞き流しておけばいい

人を不愉快にするものは数多い。そんな中でも最悪のものは、他人から悪く批評されることだ。

実際、自分の悪口をいわれて平然としていられるほど人間のできた人はほとんどいないだろう。世評など気にしないと日ごろいっているような豪傑肌の人でも、いったん自分の悪口をいわれると、無関心でいることは難しいのだ。

だが悪口というのは一時的なもので、しかも価値のないものが多い。そんな悪口は犬の遠吠えぐらいに思っておけばいい。

悪口をいうとき、真剣に考えて口に出す人などほとんどいないのだ。その場その場の感情にまかせて、好き勝手なことをいっているだけの場合が多い。そんな悪口にいちいち真剣に向き合って怒ったり、落胆する必要などない。悪口の六、七割は、聞き流しておけばいいのだ。

『自警録』

二二七

# 批判を糧にして自分を磨け

人がお互い批判をして悪口をいうのは、この世の避けられない現実だ。しかし、そういう批評や悪口をそのままにしておかず、そこから一歩進めて、これを精神修養の糧にすることもできるのだ。

どんな人でも、自分の短所を批判されなければ、どんどん思い上がってしまうところがある。そんなとき、他人からの批評や批判は、思い上がって道に迷いかけたところを修正し、再び正しい道に戻してくれる役割を果たしてくれる。

『自警録』

二二八

# 自分と違う考えにも耳を傾けよ

自分の考えと違う考えに出会ったときは、一度その意見をしっかり聞いてみるという気持ちをもつことが大切だ。

そして、その上でその正邪を判断するだけの度量をもちたい。自分の意見とは少し違っただけで、それは俗論だとか異端だとかいって、すぐに人を批判するのは、自分の度量の狭さを示すだけだ。

『自警録』

二二九

# まったく知らない人にも親切にする

私は札幌郊外に墓地をもっているが、私の知らない間に、誰かがいつもこの墓地をきれいに掃除してくれている。

私にはいまだに誰がこんな親切なことをしてくれているのかわからないのだが、この方の人情の細やかさと深さには涙が出てくる。いつも心からの感謝を捧げている。

私はよく世間から非難されることがあり、ときどき不愉快になることがあるが、世の中にこのような人情の厚い人がいることを知ると、ちょっとした人情が一筋の光のように輝いて見え、人間の素晴らしさを感じることができる。

『自警録』

二三〇

# 他人の助けに敏感になれ

人は他人からの助けがなくては、一日たりとも生きていくことができない。そのような人の助けは目に見える場合もあるが、その多くは私たちの知らない間に、知らないところでなされているものだ。

そのような人の陰徳に対して、私たちは敏感に感応する力をもつとともに、感謝する気持ちをもたなければならない。この世の中には、ありがたくないものなど何もなく、ありがたくない人などどこにもいないのだ。

『自警録』

二三一

# 他人の忠告を真摯に聞け

他人から与えられる忠告というのは、自分とは直接関係ないものに思えてしまうことが多い。

それは、そのときの自分にその忠告を真摯に受けとめるだけの理解力や感応力がないからだ。

酒好きの人にいくら飲酒の害や禁酒の徳を説いても、なかなか耳に入らない。しかしいよいよ自分の健康に酒の害が表れてきてはじめて、その忠告の正しさが身にしみるようになるのだ。

『自警録』

☆ 二三二

# 人に忠告するときは時を選べ

人に忠告する際に最も重要なことは、時を選ぶということだ。

友人に忠告するにしても、その友人が自分の忠告を聞き入れるだけの心の準備ができているかを見極める必要がある。英国のことわざに「賢人とは正しき時に、正しき言葉を放つ者だ」とあるように、どんな正しい忠告でも、時ならぬときに放っても何の効果もないのである。

『自警録』

二三三

# 忠告する前に
# 誠心誠意のものかどうか自分に問え

私たちが人に与える忠告というのは、誠意を欠きがちだ。誠意の欠けた忠告を、しかも軽々しくするならば、それを受けても相手の心はまったく動かされないだろう。

人に忠告しようとするのであれば、それに先立って、自分がしようとする忠告は、その人のことを本当に心から思った誠心誠意のものであるのかどうかということを、まずは自問自答すべきだ。

『自警録』

二三四

# 議論に負けたと思ったら、いさぎよく認めよ

人と議論したときに負けたと思ったら、いさぎよくその負けを認めたほうがいい。議論に負けているにもかかわらず感情的になって、論拠薄弱な自説を強引に主張することほど情けないことはない。

特に、相手の主張に対して皮肉を言ったり悪口を言ったりするのは、自分の主張に論拠がないことを白状するのと同じであり、それは議論に負けた何よりの証拠である。

『自警録』

二三五

# 他人の評価を下げて自分の評価を上げようとするな

自分の評価を高めるために、他人の評価を下げようとする人がいる。自分を高くしなくても、他人を下げれば、自分が高くなったのと同じことになるからだ。

そのため、高い評価を求める人は、できるかぎり他人の評価を下げようとする。

私たちが毎日出会うような人の中にも、人の欠点を言いふらしたり悪口を言ったりする人がいるが、その目的は十中八九、他人の評価を下げて自分の評価を上げようとすることにある。

だが、人の悪口を言うことは自分の品性が下劣であることを白状しているのと同じであり、自分の評価を上げるために他人の評価を下げようとすることほど、人間として情けなく醜いことはない。

『修養』

二三六

# 自分の名誉を傷つけた相手こそ愛せよ

人から非難され、名誉を傷つけられる。そんなときには、その相手を哀れなものと思い、愛するまでに自分を高めたいものだ。

もちろん、こんなことは聖人君子でもなかなかできないだろう。しかし、たとえ実際にはできなくても、理想だけは高くもとう。

いつの日か、たとえ愛することはできなくとも、憎んだり恨んだりすることだけはしなくてすむようになるだろう。

『修養』

二三七

# 恩を忘れてはいけない

「喉もと過ぎれば熱さを忘れる」ということわざの通り、逆境にあるときに受けた恩を、人は自分がうまくいき出すと忘れがちになる。

物事が順調に回り出したのは、決して自分の力だけによるものではない。多くの人の力や励ましがあってこそ、今の自分があることを忘れてはいけない。

人間というのは勝手なもので、人が自分のためにしてくれたことは過小評価するが、自分が人のためにしたことは過大評価しがちだ。とかく人間というのは、自分が世話になった恩はすぐ忘れるくせに、少しでも人にしたことがあれば、それを過大評価するのである。

『修養』

超訳 新渡戸稲造の言葉
発行日　2015年 1月30日　第1刷

Author　新渡戸稲造
Translator　三輪裕範

Book Designe　松田行正　日向麻梨子

Publication　株式会社ディスカヴァー・トゥエンティワン
〒102-0093　東京都千代田区平河町2-16-1 平河町森タワー 11F
TEL　03-3237-8321（代表）　FAX　03-3237-8323
http://www.d21.co.jp

Publisher　干場弓子
Editor　藤田浩芳

Marketing Group
Staff　小田孝文　中澤泰宏　片平美恵子　吉澤道子　井筒浩　小関勝則
千葉潤子　飯田智樹　佐藤昌幸　谷口奈緒美　山中麻吏
西川なつか　古矢薫　伊藤利文　米山健一　原大士　郭迪
松原史与志　蛯原昇　中山大祐　林拓馬　安永智洋　鍋田匠伴
榊原僚　佐竹祐哉　塔下太朗　廣内悠理　安達情未　伊東佑真
梅本翔太　奥田千晶　田中姫菜　橋本莉奈
Assistant Staff　俵敬子　町田加奈子　丸山香織　小林里美　井澤徳子　橋詰悠子
藤井多穂子　藤井かおり　葛目美枝子　竹内恵子　熊谷芳美
清水有基栄　小松里絵　川井栄子　伊藤由美　伊藤香　阿部薫
松田惟吹　常徳すみ

Operation Group
Staff　松尾幸政　田中亜紀　中村郁子　福永友紀　山﨑あゆみ　杉田彰子

Productive Group
Staff　千葉正幸　原典宏　林秀樹　石塚理恵子　三谷祐一　石橋和佳
大山聡子　大竹朝子　堀部直人　井上慎平　松石悠　木下智尋
伍佳妮　張俊崴

Proofreader　文字工房燦光
Printing　共同印刷株式会社



ISBN978-4-7993-1631-3